DAS TRAUTE DU

1785

Schiller und Körner in Kahnsdorf

Ein Lesebuch

Michael Potkownik

1. Der Weg nach Kahnsdorf
2. Schiller in Kahnsdorf
3. Schiller beim Geldverleiher Beit
4. Die Silberschnalle- ein Puppenspiel

Impressum

Umschlag: Foto Kahnsdorf: Mirko Seidel, architektur-blicklicht.de
Gestaltung: die Aufkleber, Borna
Lektorat: text & geschick, Wiesbaden
Verlag: Michael Potkownik
Lobstädter Str. 34
04552 Borna
E-Mail: michaelpotkownik@web.de
Druck: Bookmundo
Printed in Germany

Michael Potkownik, geboren in Chemnitz, aufgewachsen im Schatten der Bornaer Kirche Sankt Marien, lebt und arbeitet in seiner Stadt. Früher Fußballspielen auf dem Kirchplatz. Später Texte aus seiner Feder, Gedichte, Geschichten aus dem *Leben mit der Kohle* und schließlich *Martin Luther und seine lieben Bornaer*, sechs Theaterstücke. Mehrfach in Borna und an verschiedenen anderen Orten aufgeführt.

Vorwort

Am 1. Juli 1785 traf sich im idyllischen Kahnsdorf auf Betreiben des Leipziger Professors und Gutsherrn Johann Christian Ernesti Friedrich Schiller mit dem Kunstmäzen Christian Gottfried Körner. Der Anlass: Dem Dichter war das Geld ausgegangen. Schiller drohten Not und Verfolgung. Hilfe kam nun von den Feingeistern um Körner, der als selbstloser Förderer der schönen Künste einen veritablen Ruf genoss.

1784 ein erster Brief nach Mannheim, dann/darin eine Einladung nach Leipzig, die sein bisheriges Werk lobend, die Freiheit seines zukünftigen Schaffens beschwor und diese durch einen Beutel mit 300 Dukaten, die Schiller vor dem Schuldturm bewahrten, bekräftigt. Monate später, im März 1785, dann der Abschied aus dem unsicheren Mannheim nach Gohlis bei Leipzig

Wie es mit Schiller nach diesem denkwürdigen Treffen weiterging, ist den meisten Literaturfreunden bekannt. Vielleicht könnte man auch etwas über das weitere Schicksal von Körner wissen. Was hingegen mit dem idyllischen Flecken Kahnsdorf geschah, dürfte vollständig im Dunkeln liegen. Doch so zufällig, wie Schiller und Körner sich genau dort getroffen haben, war es nämlich gar nicht.

Trotzdem: 180 Jahre blieb dort alles, wie es war. Ländliche Idylle, 1945 ein Gutseleve, Erich Loest, und wenige Jahre später die Bagger, die Kahnsdorf zu einer Halbinsel werden ließen. Gerettet wurde Schillers Bleibe, jedenfalls zum Schein, denn sie war dem drohenden Verfall preisgegeben! Und dann 2014, direkt am Ort des historischen Geschehens, verzauberte die Theatergruppe *Neue Wasser e.V.* ihr Publikum mit dem Stück *Schiller in Kahnsdorf*, erhob sich der Feuervogel in die blauen Lüfte über die Lagune eines literarischen Ortes.

[…] Wenn ich mir denke, dass in der Welt vielleicht mehr solche Zirkel sind, die mich lieben und sich freuen, mich zu kennen, dass vielleicht in hundert Jahren - wenn auch mein Staub schon lange vom Winde fortgetragen - mein Andenken segnet und mir noch im Grab Tränen und Bewunderung zollt, dann freue ich mich meines Dichterberufs und versöhne mich mit Gott und meinem oft harten Verhältnis!

Friedrich Schiller

Goethe am Grab des Freundes,
09.05.1805

Zum Höchsten hat er sich emporgeschwungen,
mit allem, was wir schätzen, eng verwandt.
So feiert ihn!
Denn was dem Mann das Leben nur halb erteilt,
soll ganz die Nachwelt geben.

Kahnsdorf

Phönix, der aus der Asche stieg

Juli 1785

Stille Landschaft
sanfter Hauch,
Felder voller Fruchtbarkeit
und
menschenvoller Tatendrang,
Mühlradlauf im dunklen Fluss
und
Schillers Bleibe
für eine Nacht
und
Schillers Jubel
für die Welt gemacht.

Juli 1966

Dunkle Wolken
Sturm der Zeit,
der Wunden reißt
und Dörfer fällt.
Menschen lenken
stählerne Giganten

fördern aus dem Erdgeschoss
den verborgenen braunen Schatz,
der Arbeit ist
und Brot für Generationen.
Dies Geschenk
dies Pferd vor Trojas Mauern.

Oktober 1996

Aus Osten fallen Entenscharen auf ein Wasser ein,
wo einst geschäftiges Werken war!
Leicht kräuselt sich die blaue Fläche
bedeckt den Rest der Kohle
und so manchen Lebensweg!
Stille zwingt die Gedanken
… da hört der Bergmann die Bagger noch,
ihr stetes Kettenquietschen,
da pfeift die Grubenbahn, wo längst kein
Gleis mehr liegt.
Vergangenheit ist Gegenwart
und wenn der Wind den letzten Gruß
verweht,
wird sie vergangen sein!

Juli 2015

Der Weg wie eine Perlenkette
grenzt im Rund den neuen See
und wie mit Vogelschwingen

schraubt sich auf, der Drachenschirm
weit in die heitere Höh.

Das Schloss bewahrt,
gerettet Schillers Bleibe.
Kinderlachen rings am Strand,
Menschen voller Tatendrang.
Segel überm stolzen Boot,
Eis aus blauer Bude,
sanfter Wind im Abendrot.
Ein Phönix,
der aus der Asche stieg.

1. Kapitel

Der Weg nach Kahnsdorf

Einen Spalt weit öffnet der schwäbische Dichter Friedrich Schiller seine Augen und blinzelt in den sonnigen Nachmittag des 1. Juli 1785, der das Zimmer des Gartenhauses im Gut Kahnsdorf in ein freundliches Licht taucht. Hat er da jemanden rufen hören? Er lauscht auf die Geräusche seiner Umgebung, die nach und nach, er hatte tief und fest geschlafen, Form und Gestalt annehmen. Langsam hebt er seine langen Beine von der harten Lehne seines Ruhebettes und stellt die Stiefel, die er nicht ausgezogen hatte, auf die knarrende Diele. ›Meine Beine sind wohl auch eingeschlafen‹, denkt er, bekämpft das Kribbeln in den Waden und sinniert dabei: ›Dies müsse wohl auch die Ursache für den belastenden Traum sein, der ihn gequält hatte, einer schonungslosen Reise durch Kindheit, Jugend und Studium, die mit einem Misserfolg geendet hatte – wie so häufig. Selbst sein Bittgang zu den Feingeistern nach Leipzig war ihm in Traumbildern aufgezeigt wurden‹, denkt er fast belustigt. Noch während er sich seufzend aufrichtet, überfallen ihn die Erinnerungen an den Traum wie ein Echo aus tiefster Höllenqual. Er ist so vertieft, dass die Geräusche der fernen Mühle, das emsige Hämmern eines Hufschmiedes und der feine Stallgeruch des Gutsbetriebes, der sein Zimmer füllt, nicht in sein Bewusstsein dringen. Denn er befindet sich in Gedanken gerade mit seiner Lieblingsschwester Christophine auf einem

Spaziergang durch den dichten Wald um Lorch. Betritt mit ihr, umhüllt von heiligem Schauer, die Gruft des Klosters, in der seit hunderten Jahren die Gebeine der Stauferkaiser ruhen, hört seinen väterlichen Freund, den Pfarrer Moser in der kleinen Dorfkirche predigen. Fast spürt er körperlich das Vertrauen, das er diesem Mann einst entgegengebrachte. Denn, ihm nacheifernd, wollte er einst selbst Pfarrer werden. Sein Lächeln schwindet, denn an die Stelle des Freundes tritt irgendwann Karl-Eugen von Württemberg. Der forderte, da war der Knabe Schiller kaum 11 Jahre alt, den begabten Sohn seines Hauptmanns und Gartenmeisters auf, diesen auf seine »Pflanzschule« zu schicken. Sein Vater erhob damals Einspruch, erlaubte sich in einem Brief zu bemerken, dass sein Sohn doch unbedingt Pfarrer werden wolle. Der Widerspruch verfing nicht. Seine Landeskinder schuldeten ihm vor allen Dingen Gehorsamkeit, forderte der Fürst machtbewusst. Sie sollten doch bedenken, dass seine Akademie kostenfreie Ausbildung gewähre und sicher auch eine Anstellung in seinem Dienst nach sich ziehen würde. Die Familie gab nach und der Junge zog als 13-Jähriger schweren Herzens in die berühmte, für ihren gnadenlosen Drill berüchtigte Pflanzschule ein, denn nur so konnte er Schaden für seinen Vater und die ganze Familie abwenden.

Das schlug ihm damals auf den Magen, wie heute Mittag die wohlschmeckende sächsische Bauernmahlzeit, mit all dem Wein, Bier und Likör aus Keller und Brauhaus.

Jurisprudenz hatte er studieren sollen, bestimmte wiederum sein Landesvater, der für das Pfaffentum wenig und noch weniger für die Dichtkunst Interesse aufbringen wollte. Dieses Studium erfüllte ihn nicht und so waren seine Leistungen der Spiegel seines Widerwillens. Noch beschrieb er diesen Tyrannen auf dem Fürstenstuhl als »Karl Eugen, den Mörder seiner Kindheit«. Nach einem Jahr wechselte der verhinderte Dichter zur Medicin. Das erwies sich als weitaus erfolgreicher, traf die Neigungen des Studenten ungleich mehr. Hilfreich zur Seite stand Professor Apel. Dieser machte ihn mit den alten griechischen Philosophen sowie mit Voltaire, Rousseau und dem Engländer John Locke bekannt. »Alle Menschen sind frei und haben die gleichen Rechte.« Shakespeare, den englischen Gesellschaftsbeschreiber und Dichter, lernt er durch ihn kennen und begeistert sich für ihn. Von solchen Erkenntnissen und Einflüssen befeuert, manifestierte sich sein rebellischer Geist und sein erstes großes Lesedrama *Der Räuber* nahm frühe Gestalt an. Es sollte ein paar Monate später 1781 anonym im Selbstverlag erscheinen, bevor es ein Jahr später in seiner Bühnenfassung für Furore sorgte. Zunächst schrieb Schiller aber vor allem an seiner Examensarbeit *Philosophie der Physiologie*, eine Untersuchung über den Zusammenhang von Körper und Geist. Diese Dissertation erregte Aufsehen, brachte aber nicht die erhoffte Entlassung aus den Fängen der Akademie. Denn während ein Gutachter dem Absolventen bescheinigt: »Sein alles durchsuchender Geist verspricht, nach vollendeter jugendlichen Gärung, einen nützlichen Gelehrten«, verdonnerte ihn sein Landesvater zu weiteren Studien mit der verwegenen Begründung: Der Schiller braucht noch Zeit, in der er sein Feuer etwas abkühlen kann. Das tat ich dann auch, verkündete der angehende Dichterfürstspäter in aller Offenheit, und schrieb gleichermaßen fleißig wie feurig an seiner zweiten Dissertation *Versuch über den Zusammenhang der tierischen Natur des Menschen mit seiner geistigen.* Parallel dazu widmete er sich noch seinen Räubern. 1780 durfte er dann endlich die Akademie verlassen und wurde Regimentsarzt in Stuttgart.

Nachdem er seine »Räuber« wie schon erwähnt 1781 anonym erscheinen ließ, bekannte er sich bei der Bühnenfassung ein Jahr später zu seiner Autorenschaft. *Die Räuber.* Ein Husarenstück, das bei seiner Aufführung in Mannheim die Zuschauer in stürmische Begeisterung versetzte. Die Menschen jubelten Schiller zu, sein Landesvater dagegen war *not amused* und verdonnerte ihn zu einem vierzehntägigen Arrest. Seine Freunde rieten ihm: Verlass Mannheim. Im September machte er dann ernst und floh wirklich. Aber die Drohung seines Landesvaters hing wie das Schwert des Damokles, nur von einem Rosshaar gehalten, über ihm.

Die große Sorge war: Der Herzog könnte versucht sein ihn zu entführen, wie er es mit dem Dichter Schubart vor Jahren getan hatte, um diesen, als »Belohnung« für einen freiheitlichen Bericht, auf dem Hohenasperg einzukerkern. Schillers Freund Andreas Streicher, mit dem er im September 1782 als Dr. Ritter und Dr. Wolf Stuttgart verließ, begleitete ihn nach Mannheim, Frankfurt und von da nach Oggersheim, wo er seinen letzten Dukaten verbrauchte. Im tiefsten Winter 1782/83 musste Streicher im pfälzischen Nest zurückbleiben, während Schiller nach Bauerbach im Thüringischen auswich. Seine Wirtin Henriette von Wolzogen, die Mutter eines Mitschülers an der Akademie, bot schützendes Exil, das er vor Weihnachten, in elendem Zustand, erreichte.

Oh, oh Bauerbach! Zuerst war da die warme Stube, die ihn bei seiner Ankunft in eisiger Nacht empfing. Hilfreich stand ihm der Bibliothekar Reinwald zur Seite, versorgte ihn fortan mit Büchern, die er für die Fertigstellung seines *Don Carlos* und der *Luise Millerin* benötigte. Bei der Erinnerung an Reinwald freute er sich doppelt, denn der heiratete seine geliebte Schwester Christophine, es war wohl Liebe auf den ersten Blick, fast vom Fleck weg. Hintergrund war ein Brief, den Christophine an den Flüchtling gerichtete hatte und der vom Bibliothekar, bewusst oder durch Zufall, gelesen wurde. Nur sechs Monate später fand die Hochzeit statt. Das war eine schöne Zeit im Thüringischen, wenn nur nicht seine Verwirrtheit um Henriette von Wolzogen und deren liebreiche Tochter Charlotte gewesen wäre.

Im April 1783 kam Nachricht aus Mannheim: Wie es denn ihm, dem Flüchtling ginge, wollte Dalberg plötzlich wissen. Ausgerechnet sein Intendant, der ihn noch im Vorjahr so schmählich hatte sitzen lassen. Damals wollte der nämlich mit einem Fahnenflüchtigen nichts zu tun haben, jetzt bat er um Nachricht. Schiller schmunzelte: ›Den habe ich neugierig gemacht mit meinen Andeutungen über *Fieco*, *Don Carlos* und *Luise Millerin*‹. Bald darauf flatterte ein Angebot in das bauerbachsche Exil: Einstellung als Theaterdichter für ein Jahr unter der Bedingung, drei Stücke zu liefern, dazu ein Salär von 300 Dukaten. Guten Mutes nahm er Abschied von seinem Schwager Reinwald, vom freundlichen Bauerbach und trat die Stelle in Mannheim an. Doch dort war er wieder vom Missgeschick verfolgt. Seinen *Fiesco* verstanden die Mannheimer nicht so recht. Der Erfolg blieb aus, und auch um *Luise Millerin* gab es ständig Auseinandersetzungen mit den Mannheimer Schauspielern. Schauspieler, die ihn, den Dichter, zu belehren suchten. Auch seine Affäre mit der Hauptdarstellerin der Luise ging gründlich schief. Zu allem Unglück erkrankte er im September dann noch am Kalten Fieber. Vergeblich bemühte er sich um eine Vertragsverlängerung, aber Dalberg lehnte ab. In einem Schreiben beschied er ihm gar, seine Dichtkunst ganz an den Nagel zu hängen. Bald darauf hörte man in der ganzen Stadt die Geschichte vom Dichter »Flickwort«. Selbst sein Freund Iffland, von dem die Idee stammte, das Stück *Luise Millerin* als *Kabale und Liebe* aufzuführen, fiel ihm in den Rücken. Machte ihn in einem seiner Stücke lächerlich, in dem ein »Dichter Flickwort« sein Unwesen trieb. »Dichter Flickwort«, das hatte gesessen und traf den Poeten wie ein Pfeil in die Brust. Zu allem Unglück meldete sich jetzt selbst sein Vater und riet ihm, er solle doch zurückkommen und wieder als Regimentsmedicus arbeiten. Sein Verse schmieden könne er dann doch immerhin nebenbei betreiben. Fast hätte er nachgegeben, wenn nicht, seit einigen Wochen schon, ein Brief aus Leipzig auf seinem Tisch gelegen hätte. Der Absender war ein Ferdinand Huber, der im Auftrag der Schwestern Dora und Minna Stock und Christian Körner schreibe. Vier Kupferstiche mit den Konterfeis der Leipziger und ein Beutel von 300 Dukaten lagen anbei. Ihr Brief war eine herzliche Einladung nach Leipzig. Aber noch war Schiller nicht bereit für einen weiteren Ortswechsel. So blieb der Brief sechs Monate unbeantwortet. Ein Gedankenschwenk zu Charlotte von Kalb, mit der er schon seit seinen ersten Tagen in Mannheim bekannt war. Sie, die Frau des ungeliebten Obersts im fernen Amerika.

Dank ihrer Vermittlung konnte er vor dem Herzog von Weimar aus dem unfertigen Don Carlos vortragen und avancierte daraufhin im Dezember 1784 zum Weimarischen Rat. Das tat gut, wenngleich einige zusätzliche Dukaten noch besser gewesen wären. Aber es war ein Weg aufgetan, weg von Mannheim hin nach Weimar zum kunstsinnigen Herzog und vor allem zu Goethe. Im Januar 1785 erreichte ihn ein zweiter Brief, diesmal direkt von Körner, der ihm dringend empfahl, wenn er weiter an seinen Werken arbeiten wolle, nach Leipzig zu kommen, wo ihn ein Zirkel begeisterter Anhänger erwartete. Diese Zeilen waren der Auslöser, Mannheim zu verlassen, oder floh er doch nur vor den Avancen seiner Freundin Charlotte von Kalb, die ihm bei seinem letzten Besuch unumwunden die Ehe zu Dritt angeboten hatte? Jedenfalls wollte er jetzt im März dem Rat Körners folgen und Mannheim in Richtung Leipzig verlassen. »Alle iacta est«, sein Rubicon war überschritten, der »Würfel war gefallen«, der Weg nach Leipzig war frei.

Im Örtchen Gohlis nahe Leipzig quartiert er sich auf einem Bauernhof ein. Die Sachsen empfangen ihn mit offenen Armen, bald ist er gern gesehen in den gastlichen Häusern der Stadt, so denkt er mit wachsendem Vergnügen und bewundert den besonderen Lebenssinn eines freiheitlichen Völkchens. Jener Ferdinand Huber, lacht er, ist ein echter solcher Vertreter wie »der heute mit dem schwarzen Reiter umgegangen ist«. In der frühen Morgensonne des 01.Juli 1785 waren sie, Dora und Minna Stock, Ferdinand Huber und er in Gohlis nach Kahnsdorf aufgebrochen. Hier sollte es zu einer ersten größeren Zusammenkunft mit seinem Gönner Körner kommen. Bis dahin würden aber noch einige Stunden verstreichen. Kurz nach ihrem Aufbruch bemerken sie einen Reiter, der sie wie ein dunkler Schatten begleitet. In Rötha, während des kurzen Frühstücks, sitzt der Dunkelmann gar mit ihnen im Gastraum. In einem günstigen Moment schleicht sich Ferdinand in den Pferdestall und schneidet kurzerhand das Gurtzeug vom Pferd des schwarzen Reiters an. Mit unschuldiger Miene kehrt er kurz darauf zurück. Blinzelt verschwörerisch in die Runde und bestellt für den schwarzen Reiter einen Krug dunklen Röthaer Kirschwein. Wenige Minuten später klärt sich seine Großzügigkeit auf. Ihre Kutsche rollt in Richtung Kahnsdorf, der Spion folgt in großem Abstand, da gibt Ferdinand dem Kutscher ein Zeichen, die Fahrt zu beschleunigen.

Die Pferde ziehen freudig an und die Freunde können sehen, wie der Spion, der das Manöver nachmachen will, abrupt vom Pferd fällt. Ferdinand lacht laut und noch lauter ruft er: »Der wird uns so schnell nicht mehr belästigen.« Was die vier noch beobachten können, ist, dass sich der schwarze Reiter mühsam aufrappelt und seinem Pferd, das sich im freien Galopp zum Stall in Rötha bewegt, hinkend nacheilt. Lachend wenden sich die jungen Leute ab und fallen in ein Spottlied ein, das Ferdinand, der seine Klampfe hervorgeholt hat, anstimmt. Mit solchem Gesang auf ihren Lippen rollen sie bald darauf hinunter nach Kahnsdorf und auf den Gutshof zu. Trotzdem hängt die Bedrohung durch den Würtenberger noch immer wie das Schwert des Damokles, nur von einem Rosshaar gehalten, über ihm. Doch die unguten Gedanken werden nicht heimisch, vor so schöner Kulisse. Ja, Kahnsdorf, der traute Ort im Sonnenschein und ihr Spaziergang am Vormittag inmitten der Felder und Wiesen, ihr Verweilen an den dunklen Ufern der Wyhra, die mit ihrem murmelnden Fließen Märchen zu erzählen scheint und all die Menschen in ihrem Tagwerk. Ein Gedicht soll diesem Hoffnungsort gewidmet sein und vor allen Dingen seinen Freunden zugeeignet sein. Ein Vortrag an der Kaffeetafel, und später, wenn Körner aus seinem Dienstort Dresden eintreffen wird, auch vor dessen edlem Herzen. Wieder schweifen Schillers Gedanken zurück an die Mittagstafel und er sieht den Tausendsassa Ferdinand, wie er am Tisch sitzt oder steht, oft laut deklamierend seine und vor allen Dingen die Verse des Gastes vortragend, so flüssig und überzeugend als sei er der Verfasser. Als seien sie aus seiner Feder. Mein altes Trinklied *An die Freude*, so denkt Schiller, beherrschen die Leipziger auf jeden Fall sehr gut. Die Noten, von Körner und Dora gesetzt, verleihen ihm den rechten Schwung. Da kann ich mit meinem *Kahnsdorfer Elysium* mithalten, reflektiert der Dichter, erhebt sich und folgt dem Ruf des Hausdieners. Er tritt aus dem Gartenhaus, sieht die festlich gedeckte Kaffeetafel, seine neuen Freunde und ein Hochgefühl sagt ihm: Hier habe ich endlich eine neue Heimat gefunden, in der ich ohne Bedrückung arbeiten kann.

Er erhebt sich. Eigentlich hat er seine Freunde schon viel zu lange warten lassen.

2. Kapitel

Schiller in Kahnsdorf

Nach ihrer Ankunft in Kahnsdorf hatten die Frauen und Männer schnell einen kleinen Morgenimbiss eingenommen und waren dann, unter Führung eines Bauernburschen, durch den Park hindurch, in die hinter dem Herrenhaus liegenden Felder, Wiesen und Waldstreifen aufgebrochen.

Die Sonne stand schon hoch am Himmel, als sie zurückkehrten. Gestenreich beschrieben sie einander den Zauber der dunklen, von Erlen und Weidengebüsch gesäumten stillen Mäander und die Fruchtbarkeit der Felder. Sie ahmten den Gesang der Vögel nach, sangen und sprangen ausgelassen wie Lämmer im Frühling. Jetzt sind sie müde und hungrig, aber glücklich wie Kinder, die auf einer Wiese gespielt haben. Für den Hunger gibt es eine deftige Bauernmahlzeit, für die Müdigkeit die weichen Lotterbetten ihrer Zimmer im weißen Gartensaal, dem Sommerhaus des Anwesens, und für das Glück den befreiten Traum vom gerade Erlebten.

Stunden später hört man die Glocke des Hausdieners: »Bitte die Damen und Herren der Reisegesellschaft, Herr Ernesti bittet die Gesellschaft an die Kaffeetafel. «

Aus dem Sommerhaus treten kurze Zeit später: Ferdinand sowie Minna und Dora, die beiden hübschen Töchter des berühmten Leipziger Kupferstechers Stock. Einander untergefasst, richten sie ihre Schritte zur festlich gedeckten Kaffeetafel, an der sie ihr Gastgeber Ernesti bereits erwartet. »Wo bleibt denn unser Schiller«, fragt Ferdinand in die Runde. »Der wird sicher gleichkommen«, antworten Dora und Minna, wie aus einem Mund.

Und wirklich, ein wenig später tritt der hochgewachsene Dichter aus der Tür des Gartenhauses und mustert seine Umgebung mit wachen Augen, als suche er etwas. Sein Blick fällt auf ein Schreibpult des Verwalters. Bedeutungsvoll tritt er hinter dieses, langt sich die Feder aus dem Tintenfass und schreibt emsig, was er hinter seiner breitgewölbten Stirn während des Vormittags gesammelt hat, auf ein Blatt Papier.

Indessen bittet der Gutsherr Ernesti: »Liebe Fräuleins, nehmt bitte Platz an der Tafel. Bei Kaffee und Wein wird die Zeit bis zum Eintreffen Körners schnell vergehen.« »Den Likör, lieber Gastgeber, vergesst bitte nicht«, mahnt Ferdinand und lächelt spitzbübisch.

Dora tadelt ihren Verlobten für diese Bemerkung und dankt mit höflicher Verbeugung dem Professor.

»Beim Tafeln werden Mühen und Gefahren unserer Reise von Gohlis ins freundliche Kahnsdorf schnell vergessen sein«, freut sich Minna.

Schiller legt jetzt seine Feder zur Seite, umfasst mit leuchtenden Augen des Dichters die Umgebung und lässt die Erlebnisse der Wanderung im Geist Revue passieren, schreibt Vers für Vers auf sein Papier.

Ferdinand Huber hat sich indessen einen gefüllten Weinpokal von der Tafel geholt, gesellt sich zum Schreiber und sieht ihm über die Schulter.

Gottlob Ernesti fragt die Damen neugierig: »Wieso Gefahren? Der letzte Wegelagerer wurde hier vor hundert Jahren gehängt.«

»Von Gohlis her begleitete uns ein schwarzer Reiter. Schiller vermutete, dieser könnte ein Spion des württembergischen Herzogs gewesen sein.«

»Was ist aus diesem Reiter geworden, wo ist er geblieben?«, interessiert sich Gottlob Ernesti.

»Er war nach unserer Rast in Rötha plötzlich verschwunden«, die Schwestern zucken mit der Schulter.

»So können wir, Gott sei Dank, die Ankunft unseres lieben Christian erwarten«, bemerkt Dora erleichtert.

»Und uns auf die hoffentlich guten Nachrichten freuen, die Christian aus Dresden mitbringen wird«, ergänzt Minna erwartungsvoll.

»Ihr braucht euch nicht zu beunruhigen, Christian wird nur gute Nachrichten verkünden. Für euch und für Schiller, den hier in Sachsen keine Entführung bedroht.«

Der Dichter der *Räuber* hat jetzt die Feder, Schloss und Gutshof musternd, zur Seite gelegt, und tritt, gefolgt von Ferdinand, zur Tafel. Die Gespräche verstummen. als er deklamiert, als stünde er auf einer Theaterbühne:

»Kahnsdorfer Elysium

Die Sonne zeigt,

vollendend gleich dem Helden,

dies Kahnsdorf,

den trauten Ort im Tageslicht.

Sie fährt entlang im blauen Himmel,

lobt die Geschäftigkeit der tüchtigen Menschen.

Umstrahlt den Zauber der Natur

Mit gold'ner Aureole.

Und wenn sie geht,

ihr Scheiden füllt das weite Rund

mit abendlicher Stille

und lässt dem Tag sein Ende zu.«

Reichlich Applaus und Lob aus der Runde sind des Dichters Lohn, während Ferdinand voll Hoffnung einwirft: »Nun, wenn es an diesem, von dir, lieber Friedrich, so hoch gelobten Ort, auch Wein und Likör in Fülle gibt, dann will auch ich dieses Kahnsdorfer Elysium lobpreisen und besingen.«

»Dem steht nichts entgegen, Ferdinand, Wein gibt es in Fülle«, gibt Gottlob Ernesti in die Runde, »dafür hat Christian Körner schon Sorge getragen, und Likör aus meinem Hausbrand wirst du auch nicht vermissen müssen. Kommt lasst und Platz nehmen, dass uns der Kaffee nicht kalt wird. Denn es gibt hier in Sachsen ein schönes Wort: ›Kaffee trinkt der Sachse gern. Aber heeß un süße muss er sein‹«.

Schiller und Ferdinand lassen sich nicht länger bitten und nehmen Platz. Dabei bedankt sich der Dichter nochmals für dessen beherztes Eingreifen in Rötha. »Eines noch, habt Dank für Euren bewiesenen Mut.«

Ferdinand Huber lacht laut, wobei seine Augen spöttisch blitzen: »Lasst nur Friedrich, dem schwarzbärtigen Spion habe ich kurzerhand das Gurt Zeug seines Kleppers durchtrennt.« Und, als verriete er ein Geheimnis, fügt er hinzu: »Es war nur ein kleiner Schnitt und schon fiel er vom Pferd.«

Die beiden klopfen sich jungenhaft lachend auf die Schultern und nehmen nebeneinander Platz. Ferdinand greift sofort zum gefüllten Pokal und ruft in die Runde: »Auf einen angenehmen Heimritt, du württembergischer Spion. Den Hals sollst du dir brechen!«

Sie prosten einander zu, Dora und Minna mit kleinen Schlucken, die Männer mit durstigen Zügen.

»Von mir aus soll er sich tatsächlich den Hals brechen, dieser württembergische Schnüffler«, beginnt Dora, »aber du, Ferdinand, musst auch auf den deinen achten, dass du ihn nicht brichst im trunkenen Zustand.«

Der Gemahnte erklärt umgehend: »Wie könnte ich mit einem gebrochenen Hals«, seine Hand fährt den seinen tastend ab, »freudig trinken? Dass er ganz bleibe, dafür will ich alleweil Sorge tragen und übrigens, liebe Dora, es ist doch heute erst der dritte Pokal.« Dabei nippt er erneut an des Kelches Rand: »Die Anstrengungen der geschäftlichen Besprechung am gestrigen Abend sind es wohl, die mir schon auf der Herfahrt üble Beschwerden verursachten.« Und schon hält der zum Leben zurückgekehrte den Wein abermals an den Lippen.

Dora versucht sanft, ihn zurückzuhalten, bittet mit großem Ernst, nicht schon wieder zu trinken. Damit kommt sie bei ihm schlecht an.

»Wäre es nicht Sünde, gar die Missachtung eines sorgenden Herzens, wenn wir dem von Christian Körner angelieferten Tropfen aus seinem Weinberg bei Loschwitz nicht gar kräftig zusagen würden?«, bringt Ferdinand Huber vor und findet Zustimmung in der Runde.

Schiller bekennt, dabei fröhlich lachend, dass auch er den starken geistigen Getränken nicht abgeneigt sei. Da war er auch nicht anders als der Hausherr und so rinnt der Wein des Dresdner Elbtals erneut durch ihre Kehlen. Zufrieden lächelnd setzten die Männer ihre Pokale ab. Die Schwestern jedoch begleiteten die Szenerie mit einem missbilligenden Kopfschütteln. In diesem Moment erhebt sich der Klang einer Geige, die einen vielstimmigen Chor freudiger Kinderstimmen begleitet und sich der Tafel nähert.

»Ich habe für euch«, unterbricht Ernesti die Runde, »unseren ›Signore die Burattini‹, den besten Puppenspieler Sachsens eingeladen, um uns die Zeit an der Tafel etwas zu verkürzen. Seht, da kommt er geradewegs über die Wiese und in seinem Gefolge die Kinder des Dorfes mitsamt ihrem Dorfschulmeister.« Dabei deutet er auf seinen Gast aus Gohlis dem Schwabenland, als wolle er sagen: ›Ein Lehrer wie ihr es seid, nur nicht nur für ein Dorf, sondern für eine Nation, wenn nicht gar für alle Menschen auf Erden.‹

In der Zeit hat der Puppenspieler, von den Gästen unbeobachtet, behände seine Bühne aufgebaut, die Kinder platziert und schon beginnt nun das Stück *Die Silberschnalle*, aus Schillers Kindheit, wie er erklärt. Der Vorhang der kleinen hölzernen Bühne hebt sich und man sieht in die Stube der Schillers hinein. Friedrich trägt ein paar Lederschuhe mit großer silberner Schnalle, die er poliert. Christophine, Schillers Lieblingsschwester, nimmt ihren Bruder an der Hand und beide verlassen sie ihr Vaterhaus in Richtung Kirche. Vor deren Portal hat ein kleiner Betteljunge Platz genommen. »Wie können wir ihm helfen«, fragt Friedrich seine große Schwester. Die schiebt ihn wortlos durch das Portal, denn die Worte des Pfarrers sind bereits zu hören. Nach der Predigt kommen beide Hand-in-Hand heraus. »Weißt du, Christophinchen, wenn ich einmal groß bin, will auch ich ein Pfarrer werden.« »Und warum willst du ausgerechnet Pfarrer werden«, will die Angesprochene in Erfahrung bringen. Der Friedrich denkt nicht lange nach: »Ich möchte den Menschen helfen und vielleicht auch ein Lehrer sein, wie mein verehrter Pfarrer Moser.« »Da wirst du aber auch lernen müssen, dass es wichtig ist, zu teilen«, belehrt ihn seine Schwester. »Das kann ich immer leicht«, der Bruder winkt ab, als wäre das seine leichteste Übung. Da läuft ihnen der Betteljunge über den Weg und Friedrich bemerkt, genau wie seine Schwester, dass er in der Kälte des Februartages barfuß durch den kalten Schnee läuft. Friedrich sieht auf die blaugefrorenen Füße, bückt sich zu seinem Schuhwerk, löst die Silberschnallen und reicht sie dem verdatterten Kind. »Nimm sie und kaufe dir ein paar Schuhe dafür!«

Zu Hause angekommen wird Friedrich von seinem Vater zur Rede gestellt: »Wo hast du nur deine Silberschnallen gelassen?« Ohne Angst, denn die brauchten die Schiller-Kinder vor ihrem

Vater nicht zu haben, erklärt der Knabe die Sache mit dem Bettelkind und fügt hinzu: »Außerdem habe ich doch noch ein Paar Schuhe mit Silberschnallen.« Und ergänzt, fast schwingt, so etwas Stolz in seiner Antwort: »Wo ich doch Pfarrer werden will.«

»Ja«, freut sich Christophine, »geben ist seliger als nehmen«, während Vater Schiller stolz seinen Kindern über die Köpfe streicht. Der Vorhang schließt sich.

Die Dorfkinder spenden lebhaft Beifall. Da hält es den Dichter nicht mehr auf seinem Platz, er springt auf und ruft, dass es über den Platz schallt: »Ich danke euch, Signore die Burattini, für dieses Stück geradewegs aus meinem Leben. Ich bin sehr gerührt von Eurem Auftritt.« Dora und Minna Stock verteilen, von Kindern bejubelt, großzügig große Stücke Kuchen von der Tafel. Sogleich die Gunst der Stunde nutzend, erhebt Ferdinand seinen Pokal: »Ich glaube, zur Feier dieses Stückes sollten wir die Becher klingen lassen. Aber bitte«, ruft er, von Ernesti und Schiller freudig unterstützt, einer Magd zu: »Bringt auch dem Meister der Puppenbühne einen frischen Trunk.« Die Männer trinken einander zu. Die Bühne wird wieder abgebaut, und während der Puppenspieler mit den Dorfkindern von Geige und Gesang begleitet hinter einem großen Stallgebäude den Weg zum Armenhaus beschreitet, wenden sich die Damen und Herren der Tafel zu und nehmen ihre Plätze ein. Dora und Minna erinnern an das Gespräch über die Wirkung des Weines.

»Ja, ja, so war es schon immer, und so wird es bleiben, ihr Männer trinkt euch die Welt zu Recht.«

Schiller, der sich dem Vorwurf nicht verschließen will, erhebt sich zu voller Größe:

»Doch getrost, meine lieben Demoiselles«, lässt er eine kleine Pause entstehen, »auch ich bin den geistigen Getränken nicht abgeneigt und mancher Vers aus meinem Pinsel gelang im Klingen der Pokale, und was die wirklichen Gefahren des Lebens betrifft, die drohen uns nur durch Tyrannei und Knechtschaft.« »Das ist ein Wort«, begeistert sich Ferdinand, »ein Wort als scharfes Schwert in den Händen der Unterdrückten, gegen die Tyrannen der Welt.« »So hatte der Verleger der *Räuber*, ein Herr Schwan, das Werk nicht zu Unrecht als ›Wieder die Tyrannen tituliert‹« ergänzte Ernesti.

»Ach was, der Schwan ist ein Geschäftsmann und ahnte wohl, dass sich meine *Räuber* mit diesem Untertitel besser verkaufen lassen würden«, lacht der Dichter und kehrt, um das Thema Alkohol schnell abzuschließen, zum Ausganspunkt ihres Gespräches zurück: »Ein Rausch, egal ob von Medizin oder Alkohol verursacht, muss der Produktivität nicht abträglich sein. Ist er doch nicht unähnlich dem durch das Schreiben verursachten. So habe ich beispielsweise diese ganze Intrigengeschichte um Ferdinand und Luise während eines Manövers, an dem ich als Regimentsarzt teilnehmen musste, welches mehr einem gewaltigen Gelage glich als einer militärischen Übung, ausgesponnen und anschließend, mehr und mehr dem Rausch des Schreibens verfallend, zu Papier gebracht.«

»Das nenne ich ein fröhliches Soldatenleben im Dienst des Herzogs. Bei diesem Regiment, ständig an der Tafel sitzend, keine Kugeln und Bajonette fürchtend, möchte ich auch Dienst tun«, meldet sich Ferdinand zu Wort.

Jetzt erhebt sich Ernesti aus seinem bequemen Stuhl, schaut in die Runde und beginnt mit mahnend erhobenem Zeigefinger: »Da passt nur auf, dass Ihr nicht in einem Regiment des Preußenkönigs landet. Da gibt es mehr Prügel als Kugeln.« Sagt es und stiefelt, den »Alten Fritz« nachahmend, einmal um die Kaffeetafel und skandiert dabei: »Kerls, wollt Ihr denn ewig leben!«

Die Männer wollen sich vor Lachen schier verbiegen. Dora und Minna dagegen, das verrät ihr betretendes Schweigen und mehr noch ihre Blicke, finden das Gehörte völlig unverständlich. Nein, gar skandalös: Ihr Friedrich, die Hoffnung der Jugend in den deutschen Landen, davon waren sie überzeugt, hatte die Geschichte von Luise und Ferdinand im Rausch geschrieben. Enttäuscht schütteln sie ihre sorgfältig gelockten Köpfe. »Unser Glaube gerät in arge Bedrängnis, lieber Dichter. Euer Mut, auf den wir unsere ganzen Hoffnungen gründeten, auf den schwankenden Beinen der Trunkenheit ersonnen? Das können wir nicht glauben. Unsere eigenen Zukunftshoffnungen, dem Rausch einer Nacht gedankt?«

»Wieso ein solches Entsetzen?« Ferdinand, der seinem Freund helfend beispringen will, sieht fragend in die Runde und erklärt verständnisvoll: »So schlimm ist das mit dem Rausch nun auch nicht. Ich selbst schrieb manchen schönen Vers in solchen Stunden.« Er lässt den Freunden Zeit zum Nachdenken und ergänzt, sich dem Dichter zuwendend, mit Spitzbubenmiene: »Allerdings, ein Drama wurde nie daraus.« Damit hat er die Lacher auf seiner Seite.

Dora zieht ihren Verlobten auf seinen Sitz zurück, erhebt sich ihrerseits und fügt noch immer lachend hinzu: »Ja, deine Verse sind dem Nebel gleich, der über herbstlicher Wiese wabert und mit der aufsteigenden Sonne schwindet.«

Die große Heiterkeit, die diesen Worten folgt, nimmt dem ernsten Thema die Schärfe, weicht sie gleichsam in kullernden Tränen auf, bindet die Freunde aneinander. Erneut erhebt sich der Tausendsassa Ferdinand, den süßen Pokal schwenkend: »Nun gut, vielleicht, liebe Dora, du gestrenges Weib, sind dies die Verse, die du hören willst:

So hat Gott den Wein gemacht.
Der ist wie alles Leben
Köstlich frisch und herrlich herb
Und süß wie die Liebe, die ewig ist.«

Nach einer kleinen Pause fragt er, mit leichtem Triumph in der Stimme, in die Runde: »Nun, sind das nicht Verse, die die Welt braucht?«

»Trunkenheit und Liebe«, empört sich Dora, »wie anders unser Friedrich, der voller Zorn gegen seinen Landesherrn schrieb: ›Das Gesetz hat zum Schneckengang verdorben, was Adlerflug geworden wär‹«. Minna, ihre Schwester unterstützend: »Und weiter: Aber die Freiheit gebiert Kolosse und Extremitäten.« »Ja, das ist er unser wahrer Schiller, ein Ankläger der Tyrannei«, unterstützt Ernesti die Begeisterung der Damen und fügt, sich an Ferdinand wendend, hinzu; »Da müsst ihr euch wohl noch in Bescheidenheit üben.« Der Angesprochene wischt diesen Einwand mit großer Geste hinweg, greift sich seinem Pokal, um ihn erneut zu leeren. Genüsslich wischt er mit seinem Schnupftuch, das er aus dem Ärmel zieht, über seine Lippen und sagt bedeutungsvoll: »Der Schiller ist ein Aufrührer auf der Bühne des Lebens.« Jetzt muss Schiller, der Aufrührer, wie er gerade bezeichnet worden ist, etwas erklären und erhebt sich: »Liebste Dora, liebste Minna«, er versenkt seinen Adlerblick in den Augen der Schwestern, bis diese erröten, und verneigt sich gegen Ernesti und Ferdinand: »Ich fand nicht überall so offene Ohren wie bei euch. Das Publikum in Mannheim verstand mich ganz und gar nicht, die Darsteller wollten sich über den Dichter erheben und beklagten das Probenregiment. Bald war der Name ›Dichter Flickwort‹ in aller Munde. Zu allem Unglück befiel mich im September das Kalte Fieber. Der Intendant Dalberg wollte meinen Vertrag nicht verlängern. In einem Brief riet er mir: Ich solle doch lieber zu meinem Regiment zurückkehren. So verlief mein Jahr eher unglücklich als rauschhaft. Es war und ist gezeichnet durch Not und unerfüllte Liebe. Liebe, die dem Gefühl eines in der Sonne schwebenden Schmetterlings gleicht, der sich allzu oft verkriechen muss, weil dunkle Wolken drohen.«

»Wollt Ihr damit sagen«, Dora fühlt sich in ihrer Auffassung von der Unbeständigkeit des Glücks bestätigt, »dass wir erst durch die dunklen Wolken die wenigen Sonnenstrahlen des Lebens so recht von Herzen genießen können?«

Ihre Schwester ergänzt mit glühenden Wangen: »Dass Liebe und Treue erst im Kampf um dieselbe wachsen können?«

Der Dichter streicht sich das rötliche Haar aus der Denkerstirn, und nickt bestätigend: »Ja, das meine ich. Wir können unsere heutigen Verhältnisse als die Wolken betrachten, die dem Schmetterling die Sonne des Lebens verdunkeln.«

Er lässt seine Worte wirken und fügt, das Gesagte sorgfältig wägend, hinzu: »Wobei, das sollten wir bedenken, die ewige Glückseligkeit des Elysiums uns ohnehin verwehrt bleiben wird. Überfiel mich eines Abends, mein Vater hatte geschrieben, ich solle doch von der Dichterei ablassen und meinen Brotberuf in Stuttgart betreiben, die folgenden Gedanken:

Abend wards und wieder Morgen
Nimmer, nimmer stand ich still
Doch stets blieb mir verborgen
Was ich suche
Was ich will«

Er hatte alles gesagt, was ihm, wie ein schwerer Stein, auf dem Herzen gelegen hatte. Kahnsdorf war der rechte Ort für diese Beichte. In der Gewissheit, von seinen Freunden verstanden worden zu sein, lehnt er sich erleichtert zurück. Wie zur Bestätigung seiner Gedanken steht Ferdinand auf, legt dem Dichter die rechte Hand auf sie Schulter und erklärt ohne Umschweife: »Die Misshelligkeiten in Mannheim blieben uns nicht verborgen und deshalb schrieb ich im Auftrag meiner Freunde: Kommt nach Leipzig, hier weht ein republikanisches Lüftchen, dass ein Mann von eurem Format zum Orkan anfeuern kann. Das Publikum in Leipzig versteht eure Sprache, weiß das Werk zu schätzen.« »Es gibt keinen Dichter Flickwort, außer im Stück, das Iffland schrieb« unterstützt Minna ihren Vorredner energisch und Dora erklärt voller Eifer: »Ihr seid der Dichter ›Der Räuber‹", des Stückes „*Fiesco*", des „*Don Carlos*" und der „*Luise Millerin*«. »Sicher habt ihr Recht, doch ihr müsst bedenken, dass eure Worte an einen Menschen gerichtet waren, der sich selbst in großer Seelennot befand. Was auch mein langes Schweigen auf diesen ersten Brief erklärt«, sagt Schiller, heftig berührt.

»Deshalb entschieden wir uns erneut zu schreiben. Diesmal an den Rat

Schiller in Mannheim, denn, das stand für uns fest, dieser Dichter ist die Hoffnung in den deutschen Landen.« »Ich gehe nicht fehl in der Annahme«, doziert Ernesti, »dass dieser zweite Brief die Luft unter euren Adlerflügeln war, die euch nach Leipzig trug. Hin in das Haus, in dem schon der junge Goethe während seines Studiums in Leipzig oft weilte.« »Da habt Ihr Recht. Dem Goethe gefiel es in unserem Haus.« »Natürlich«, bekräftigte Ferdinand Doras Worte. »Wundert uns das bei diesen reizenden Geschöpfen Dora und Minna, im Haus des berühmten Kupferstechers Stock?« Wie zur Bestätigung stehen Dora und Minna auf und Dora beginnt aus Don Carlos zu zitieren:

»*So tritt herunter, gute Vorsehung,*
lass dich herab ein Bündnis einzusegnen,
das neu und kühn und ohne Beispiel ist,
seitdem Du oben waltest.«

Und glühend zitiert Minna weiter:

»*Hier umarmen,*
hier küssen sich, vor deinem Angesicht
zwei Jünglinge, vollschwärmerischen Muts,

doch edlern bessern Stoffs als ihre Zeiten,

getrauen sich den ungeheuren Spalt«,

Ferdinand tritt vor mit vor Begeisterung roten Wangen:

»Wodurch Geburt und Schicksal sie geschieden

den, durch ihrer Liebe Reichtum auszufüllen«,

der Professor deklamiert weiter:

»Und größer als ihr Los zu sein hier unten

Nennt man sie sonst Monarch und Untertan«,

und Schiller schließt mit bebender Stimme:

»Doch droben sagt man Brüder.«

Da ist es eine Weile still am Tisch. Vogelstimmen füllen den Raum und die Geräusche des Gutsbetriebes dringen herüber. Schiller beendet die vielsagende Stille, räuspert sich vernehmlich und will gerade etwas sagen, da steht der Dorfgeistliche Moosdorf, der seit einiger Zeit ihre Tischgesellschaft teilt, auf: »Nur bedenkt«, mahnt er mit ernster Rede, »die Freiheit hat viele Gesichter und falsche Verheißungen. Sie ist weder schwarz noch weiß, vielmehr grau und oftmals irritierend. Und den Beistand des Himmels sollte man auch bedenken.«

»Habt Dank für die mahnenden Worte, Herr Pfarrer, und Dank euch allen für das mutige Eintreten in meiner Sache. Vernunft, Herr Pfarrer, ist die Kraft des freiheitlichen Glaubens und deshalb fordert mein Marquis Posa, er ist der Verteidiger des Volksaufstandes in den Niederlanden: Sire, geben Sie Gedankenfreiheit!«

»Lieber Schiller, dieser Posa ist durch und durch ein Machtmensch und sollte uns mahnen, wie verführerisch die Freiheit sein kann«, mahnt der Pfarrer erneut und Ferdinand wirft leise ein: »Ja, den möchte ich auch nicht als Freund haben.« »Was hier als Freiheit, als Sehnsucht beschrieben wird, trägt einen anderen Namen noch.« »Du klügstes aller Weiber, dir ist es aufgegangen. Dora, der Schiller meint für einen jeden, ob Weib oder Mann: Ein Jeder sucht sich selbstbestimmt zu verwirklichen!«
»Recht hat er, der Ferdinand. Als akademischer Lehrer sage ich, unser Friedrich will den Menschen die Augen öffnen! Und Herr Pfarrer sorgt Euch nicht, aus dem Paradies der Vernunft werden sich die Bürger so leicht nicht wieder vertreiben lassen, auch dies ist des Dichters Verdienst«

Zwei Reiter kommen auf den Gutshof. Sie lenken, als wären sie vertraut mit der Umgebung, ihre Pferde zum Stall. Zwei Stallknechte eilen herbei, nehmen die Zügel und führen die Tiere zum Stall. Schnell erreichen die Angekommenen die kleine Brücke und stürmen geradezu in die Arme der Tafelgesellschaft. Einer von ihnen, groß gewachsen, in Reiterstiefeln und Mantel, schwenkt seinen Hut. Der andere, ein etwas rundlicher Mann, hält sich bescheiden im Hintergrund. Minna und Dora laufen jubelnd, es ist die Freude, endlich vereint zu sein, dem Ankömmling entgegen und fallen ihm um den Hals.

Christian Körner, kein anderer ist es, schwenkt die jungen Frauen, die eine links, die andere rechts und ruft dabei, voller Ungeduld: »Wo ist mein Schiller?« Er wendet sich zurück und fordert: »Kommt Freund Göschen, bleibt nicht zurück.«

»Komm Christian!«, beantwortet Minna die Frage, »unser Friedrich sitzt mit uns an der Kaffeetafel und wartet, wie wir, auf dein Eintreffen.«

Den Hausherren begrüßt Körner, wie es die Regel verlangt. Doch dabei ist schon im: »Zum Gruß, Freund Gottlieb« die Ungeduld zu spüren, die ihn mit großen Schritten treibt, seinen Freund Schiller endlich in die Arme zu schließen, was der Gottlob Ernesti mit einem verständnisvollen Lächeln quittiert und seinerseits den schüchternen Göschen herzlich willkommen heißt.

Ferdinand und Pfarrer Moostorf, die Weinpokale in der Rechten, bekommen nicht mehr und das recht flüchtig die eine grüßende Hand Körners zu sehen. Während beiden der Rebensaft erneut durch die Kehlen rinnt, stehen sich erstmals zwei Männer gegenüber, die geeignet sind, in die Geschichte einzugehen.

Sie legen einander die Hände auf die Schultern und genießen in beredtem Schweigen, einander fest in die Augen sehend, diese, ihre erste persönliche Begegnung.

»Liebster Schiller, wie sehnte ich diesen Augenblick herbei, Euch, verehrter Genius, in die Arme schließen zu können. Glaubt mir, dies ließ die Reisezeit von Dresden hierher ins idyllische Kahnsdorf wie einem Adlerflug gleichen.« Er zieht den schwäbischen Dichter, der ihn um Hauptеslänge überragt, in seine Arme.

Schiller erwidert diese Geste, obwohl ihm die Verlegenheit anzumerken ist. Er versucht von der aufsteigenden Rührung abzulenken, die ihm die Augen feucht werden lassen. »Ich bitte Euch, was soll Minna denken, wenn Ihr mich nach so langem Aufenthalt in Dresden so überschwänglich begrüßt, da allein ihr diese Herzlichkeit zukommen sollte.«

»Ich bin ihr herzlich zugetan und werde die kommenden Stunden und Jahre an ihrer Seite verbringen.« Christian Körner nickt seiner Minna voller Liebe zu. »Bester Freund, ihr Lieben, mich trieben auf meiner Reise einige wichtige Gedanken, unsere Freundschaft und künftiges Leben betreffend, voran und ihr alle sollt sie sogleich daran teilhaben. Lasst uns vorerst Platz nehmen, das edle Glas aus Murano füllen, denn es klingen zu lassen, es gibt Grund genug.«

Die Magd folgt schnell dieser Aufforderung, was Ferdinand mit Begeisterung quittiert. »Hei, wenn die neuesten Nachrichten aus deinem Mund, lieber Christian, meine Ohren ebenso erfreuen, wie das Geräusch des fließenden Weins, dann sollen die Gläser klingen in ihrem eigenen, lebensbejahenden freudigen Klang.«

Christian, jetzt neben seiner Minna sitzend, deren schöne Züge in einem zarten Rot schimmern, erhebt sich, legt seine rechte Hand auf ihre Schulter und verkündet feierlich: »Meine Minna und ich werden, ebenso wie du Ferdinand, und du, liebe Dora, im August in der Dresdener Frauenkirche heiraten.«

Der aufkommende Jubel am Tisch wird mit einer konsistorialen Handbewegung von Christian unterbunden, denn der Oberkonsistorialrat in sächsischen Diensten, der er ja war, wendet sich nun an den Dichter: »Und Euch, lieber Schiller, wollen wir bitten, unser Trauzeuge zu sein.«

Jetzt ward dem Jubel kein Ende. Gläser und Herzen fliegen gleichermaßen aufeinander zu. Während die Ersteren erklingen, wie Ferdinand zuvor gesagt hat, schlagen die Herzen, als könnten sie der Enge der Brust entspringen.

Christian Körner hat Mühe, die Tischrunde zu erneuter Aufmerksamkeit zu bewegen. »So hört doch den zweiten und dritten Gedanken«, ruft er fröhlich über die Köpfe hinweg, »der Meister der Dichtkunst kann, so lange er eben will, in Dresden verbleiben. Es ist für ihn und auch für seinen uneigennützigen Freund Andreas Streicher Sorge getragen um Unterkunft und Versorgung in unserem Weinberghaus in Loschwitz am Ufer der Elbe.«

Während alle begeistert auf diese Ankündigung reagieren, sitzt Schiller sehr nachdenklich am Tisch unter der Kastanie. Ein letzter Sonnenstrahl fällt auf sein Gesicht, und es ist nicht zu unterscheiden, ob die Röte seiner Wangen von diesem herrührt, oder von den Gedanken, die bei seinem Freund und Begleiter Streicher weilen. »Ja, mein Andreas«, reflektiert Schiller, »mein Andreas, der mit mir nach Mannheim floh, der mir sein geringes Erbe und seine Ersparnis lieh. Der in Oggersheim zurückbleibend mit Klavierunterricht sein Leben bestreitet, obwohl er nach Hamburg wollte, um bei Emanuel Bach Unterricht nehmen zu können. Oh, dieses unselige Geld.«

Als hätte Christian Körner die schwermütigen Gedanken von der Stirn des Genius abgelesen, erklärt er weiter: »Ich habe nicht für umsonst den jungen Verleger Göschen mitgebracht, der hat einiges zu sagen, was die Freiheit des Schaffens betrifft.« Der angesprochene erhebt sich sogleich, verneigt sich in die Runde und erklärt: »Lieber Christian, ich danke für diese Begegnung und euch, lieber Schiller, kann ich unumwunden erklären, dass ich ab sofort Euer Werk verlegen werde und vor allen Dingen für die rechtzeitige und verantwortbare materielle Absicherung tätig werden will. Weiß ich doch, wie finanzielle Not des Dichters Gedankenfluss bremst.« Dies, kaum ausgesprochen, bewirkt, dass sich alle erheben und einen Tost ausbringen auf diese glückliche Stunde.

Und während Jubel und Gläserklang hinaufziehen in Äste und Zweige der uralten Kastanie, formt sich im Schlag des Dichterherzens ein erster unvergänglicher Vers, den er, wäre nur Papier und Tinte vorhanden gewesen, aufgeschrieben hätte:

Wem der große Wurf gelungen,
eines Freundes Freund zu sein,
ja, wer auch nur einen Seele
sein nennt auf dem Erdenrund,
sei eins mit uns,
in unserem Seelenbund.

Jetzt hält es Ferdinand nicht mehr auf seinem Stuhl. Er springt so ungestüm auf, dass sein Stuhl nach hinten kippt und nichts mehr an seine Müdigkeit vom Vormittag erinnert, um voller Inbrunst ein Hoch auf die Überbringer der guten Nachrichten vorzubringen.

Nachdem sich die Begeisterung etwas gelegt hat, erhebt sich der Seelsorger des Dorfes, klammert sich an seiner Stuhllehne fest, um sein Schwanken nicht allzu deutlich werden zu lassen: »Ein Hoch auf das künftige Glück, ein Hoch auf den uneigennützigen Christian Körner und ein Hoch auf den schwäbischen Dichter, Friedrich Schiller und dessen Freund Andreas Streicher sowie ein weiteres Hoch auf deren endlich gesicherte Zukunft im schönen Sachsenland! Lang lebe unser Kurfürst, Friedrich August III., der aus gutem Grund *Der Gerechte* genannt wird.«

Sie stehen alle auf, die Frauen und Männer mit leuchtenden Augen, und trinken einander zu. Sie jubeln, wie es nur junge Menschen können, die eine solche Zukunft vor Augen haben, wie Christian Körner sie gerade aufgezeigt hat.

Die Schankmagd eilt um den Tisch, füllt die edlen Gläser, zum wievielten Male schon nach, da tritt der Teichwart des Gutes an den Tisch heran, bittet um Gehör und meldet, dass entsprechend einer Anordnung seines Herrn Ernesti alles für eine Kahnfahrt bereitet sei und die Herrschaften jetzt einsteigen könnten.

Dora und Minna zögern keinen Moment und danken freudig, haben sie doch so die Gelegenheit, dem unaufhörlichen Leeren der Gläser entgehen zu können.

Christian Körner, die auffällige Röte seines zukünftigen Schwagers um Nase und Wangen bemerkend, winkt diesen zu sich und bittet: »Nimm dich doch bitte der Damen an, begleite sie und unseren verehrten Gastgeber zur Bootsfahrt. Schiller und ich bleiben hier, es gibt noch einiges zu besprechen. Der Abend ist noch lang und selbst die Nachtstunden können wir nutzen, um in meinen morgigen Geburtstag hinein zu feiern.« Gleichzeitig wendet er sich der Schankmagd zu und bittet sie, die flehenden Blicke Ferdinands bemerkend, diesem einen gut gefüllten Krug mit Wein ins Boot zu geben. »Damit mein Freund Ferdinand während der Ausfahrt die beiden Fräuleins gut unterhalten kann und damit ihm seine Zunge nicht wie Blei im Maul zu liegen kommt«, fügt er lächelnd hinzu.

Währenddessen hat sich der Gastgeber unter Mitnahme des Pfarrers zum Gutshaus begeben.

An der Tür winkt er einen Knecht heran, schiebt ihm den Geistlichen in den Arm und erklärt lachend: »Bringt unseren Pfarrer Moostorf sicher nach Hause. Achtet darauf, dass seine Frau ihn auch einlässt und er nicht bei der Ziege die Nacht verbringen muss.«

Sie trennen sich lachend.

Kurz darauf begibt sich die Gesellschaft gutgelaunt zum Steg. Die Damen lassen sich in den Kahn helfen und beobachteten dabei ihren Freund Ferdinand, wie dieser den Krug mit dem Wein, wie ein schönes Weib festhaltend, im Kahn Platz nimmt. Unter fröhlichem Zuwinken legt der Nachen ab. Körner und Schiller begleiten ihn mit den Augen. Wenig später klingt eine lustige Flötenmusik herüber.

»Dora«, erklärt Körner dem fragenden Schiller, »hat von Wolfgang Amadeus Mozart eine kleine Flötenkomposition geschickt bekommen. Die Melodie klingt gerade an unsere Ohren. Er bat sie um ein Porträt in Silber. Und da es der Kunst bekanntlich immer am Gelde mangelt«, jetzt legt Körner dem Dichter verständnisvoll die Hand auf die Schulter und blickt ihm fest in die Augen, »sandte er als Anzahlung diese Musik, die wir hoffentlich heute Abend noch einmal hören werden.«

Eine Weile hören sie den weichen Klängen nach, dann beginnt der Oberkonsistorialrat erneut: »Wie lange mussten wir auf diesen Tag der Begegnung, der Erfüllung unserer Freundschaft, warten. Auf dieses erste persönliche Gegenüberstehen, teuerster Freund.« Langsam löst Christian Körner seine Hand von der Schulter Schillers: »Ich glaube, dass das Hochgefühl dieser Stunde dazu geeignet ist, dir, lieber Freund Friedrich, das vertrauliche *Du* anzubieten.«

Langsam gleitet der Kahn im Kerzenschein der Laternen an Bug und Heck in den Schatten des Herrenhauses. Die untergehende Sonne taucht die Szene in ihr malerisches letztes Licht und die Nachtigall, in den Zweigen der Kastanie, wetteifert mit der vom Teich herüberklingenden Melodie.

Schiller schweigt vor Ergriffenheit. In seinem Herzen lauscht er dem nach, was ihm da angeboten wurde. Seit einem Jahr fühlte er sich getragen vom Edelmut Körners, fühlt er Heimat in der Runde der Feingeister.

»Danke, lieber Christian«, antwortet er, fühlt er seinen Herzschlag in bebender Brust. »Es scheint die rechte Stunde für diesen vertraulichen Beweis zu sein. Für das Du in unserer Beziehung und zur Beschreibung meiner Gefühle, meiner beschwingten Freiheit kann ich nur sagen:

Wollt ihr hoch auf der Freiheit Flügel schweben,
werft die Angst des Irdischen von euch,
fliehet aus dem engen, dumpfen Leben,
in das ideale Reich.«

Da fällt alle Sorge von ihm ab, die Querelen in Mannheim, der Albdruck des Tyrannen, der ihm seine Jugend mordete und Dahlberg, der ihn so enttäuschte und Erleichterung sind seine Worte: »Lieber Christian, du gibst mir die Freiheit, die mich schaffen lassen wird. Schaffen, frei von Bedrängnis und Seelennot. Dafür sei mein bester Dank, den ich bieten kann, die Arbeit am Werk für die Menschen. Sie frei zu machen, wie du mich durch deinen edlen Großmut freimachst. Teuerster Freund, heute verwirklicht sich, was du mir im Mai schriebst: *Verbrüderung der Geister ist der unfehlbare Schlüssel zur Weisheit. Schlicht und einfach das Nonplusultra, die Gottheit.*«[1]

»Was ist das Geld mehr als ein leerer Wahn und falscher Zauber«, erwidert Christian Körner und schiebt dem Dichter einen Brief in dessen Tasche, was dieser nicht bemerkt, weil er voll Dankbarkeit antwortet: »Ja, du bist meine Errettung aus des Mammons Höhl und Hölle.«

Die Männer schweigen und dann rezitiert Körner erneut: »Unselig seid ihr ganz, wenn ihr dem Geld verfallen.«

Schiller ergänzt den Vers der Neuberin: »Dieser Zerberus lässt keinen aus seinen Krallen.«

»Ja Christian, du bist dem Gelde nicht verfallen! *Verehren muss ich dich, einen Mann, der in einer Epoche, wo gewöhnlich die Glücklichen sich hauptsächlich den Genüssen mit verführerischer Erschlaffung hingeben und den besten Teil ihres Daseins verschwelgen, du nach Taten dürstest und so deinem eigenen Glück einen Teil Schuld abträgst.*[2]

»Unser Bündnis weist weit in die Zukunft, das weiß ich und begründe es mit deinen bis dato erschienenen Werken, und denen, die noch in deiner Feder stecken. Die Jugend freizumachen, sie zu bestärken, immer wieder an der Ordnung ihrer Väter zu rütteln und dadurch die Welt zu verändern, zu gestalten in neuen Generationen. Bestärken wird es auch die Dichter und Gönner, die uns nachfolgen, auch sie werden Kraft ziehen aus unserer Allianz«.

Und so stehen sie, der Gönner Christian Körner und sein Dichterfreund Friedrich Schiller und blicken in das letzte feurige Rot der schwindenden Sonne, die dem Tag in Kahnsdorf sein Ende schenken wird.

Plötzlich weht es kühl vom Teich herüber und wie aus dem Nichts umwebt sie ein kühler Hauch. Staunend erscheint den beiden in diesem Nebelstreif ein weiß gewandeter Knabe, geleitet von einem feengleichen Wesen. Dieser Knabe hält in seiner Rechten ein strahlendes Licht und seinen Kopf umfloren die Gaben, die ein Zauberwesen aus seinem Füllhorn über ihm ausbreitet.

Einige Augenblicke später ist, gleichsam mit dem Abendhauch, der Zauber gewichen, hat einer feierliche Stille, die über der Landschaft lag, Platz gemacht und nur von Fern erklingt Mozarts Melodie im Gleichklang mit dem aufkommenden Gesang der Nachtigall.

3. Kapitel

Schiller beim Geldverleiher Beit

»O Gott«, überlegt Friedrich Schiller, als er aus dem Licht des hellen Tages in den düsteren Flur des Hauses tritt, in dem der Geldverleiher Beit sein Geschäft betreibt. »Wenn einer dir in der Geldnot helfen kann, dann ist es dieser Halsabschneider«, hatte Ferdinand Huber ihm anvertraut. »Um die Rückzahlung brauchst du dich nicht zu sorgen, darum wird sich dein Freund Christian Körner kümmern, sobald er wieder in Leipzig sein wird.«

»Ja, der gute Christian«, überlegt Schiller und tastet dabei mit seiner rechten Hand nach dem Brief in der Rocktasche. Unbemerkt hatte Körner ihm diesen zugesteckt und erst Sonntag, auf der Rückfahrt von Kahnsdorf, hat er ihn gefunden und gelesen. Endlich würde er etwas Luft zum Atmen bekommen und den Raum für neue Ideen.

Er öffnet die massive Holztür und steht im Vorraum des Kontors. Durch winzige Scheiben fällt ein diffuses Licht, kaum den Raum erhellend, in dem er jetzt steht. Nach einem kurzen Moment, seine Augen gewöhnen sich an das dämmrige Licht, entdeckt er einen Mann, der, als schämte er sich gesehen zu werden, ängstlich in eine Ecke gedrückt, in aller Stille verharrt.

Schiller nimmt seinen Stock in die Linke, lüftet seinen Dreispitz und grüßt so freundlich, wie es der Situation eben angemessen erscheint. Als er sich vorstellen will, dringt eine Stimme voller Bitterkeit an sein Ohr:

»Im Vorhof der Hölle erübrigt sich eine Vorstellung, denn dort, wie hier in diesem Zimmer, sind wir beide gleich. Rang und Namen versinken in die Bedeutungslosigkeit.«

Schiller kommt nicht mehr dazu, eine etwas hoffnungsvollere Begrüßung zum anwesenden Manne zurückzuschicken, denn hinter der Tür zum Kontor bellt jetzt eine Stimme:

»Du armseliger Mensch hast Haus und Hof verspielt! Es ist aus, du hast alles verloren und du kannst froh sein, wenn ich dich und die Deinen auf einem meiner Höfe für Gotteslohn arbeiten lassen werde. Anstatt Zins und Zinseszins zu zahlen, ist dir dein Geld zwischen den Fingern zerronnen. Wo ist es nur geblieben?« Der Frager legt eine höhnische Pause ein, um gleich darauf die Antwort selbst zu geben und zu bellen: »Im Wirtshaus oder gar bei den Huren in der Bader Gasse wirst du es gelassen haben. Habe ich nicht Aufschub gewährt? Hast nicht du immer wieder auf die nächste Ernte verwiesen? Meine Geduld hat ein Ende und die ist heute erreicht, zum nächsten Gerichtstag wird versteigert.«

Das war hart, was die beiden Männer im Vorraum zu hören bekommen und es wundert nicht, dass ihnen der Mut noch weiter schwindet, da sie gleich hineinmüssen, in diese Höhle des Löwen.

Bleiben? Gehen?

»Geld für nötiges Material oder Konkurs? Brot für alle oder weiter Schmalhans Küchenmeister und keine Medizin für die kranken Eltern?«, denkt der Gescholtene in voller Bedrängnis.

Und Schiller? Den einsamen Taler dreht er jetzt in seiner Tasche hin und her, umschließ ihn fest. »Streichers Großzügigkeit «, denkt er. »Ja, der treue Streicher, sein Erbe hat er mit mir geteilt. Wenn das heute schiefgeht, kann ich die Dichtkunst an den Nagel hängen, muss ich mir einen Broterwerb beim Militär als Feldchirurg suchen, um uns beide durchzubringen, da wird selbst Körner nicht mehr helfen können. Hinter der Wand, zum Kontor, sieht Schiller jetzt den Bauern förmlich einknicken, hört, ja spürt dessen Stolz förmlich verschwinden, was sein eigenes Unbehagen erneut anwachsen lässt, trotz Körners Brief in der Tasche, welcher mit einem feinen Rascheln seine Anwesenheit bestätigend, ihm Stütze sein sollte.

»Aber gnädiger Herr Beit, da waren doch die neuen Steuern, die wir beim Abschluss des Vertrages noch nicht erahnen konnten und die Ausplünderung durch die Einquartierungen im vergangenen Jahr. Ist das gerecht?«, versucht der Landwirt den Geldverleiher erneut gnädig zu stimmen. „Während wir hungerten, fraßen die Soldaten alle Vorräte auf, leerten Scheunen und Keller. Wie eine Mäuseplage fielen sie über uns her. Meine Töchter musste ich im Wald verbergen, wollte ich sie vor Schaden bewahren. Die Offiziere wälzten sich in unseren Betten, während wir im elendesten Schuppen, gar wie das Christkind, auf einer Schütte Stroh liegen mussten. Vater und Mutter wurden auf den Tod krank. Der Feldweibel stahl das für Euch abgesparte Geld und der Steuereintreiber holte das letzte Vieh aus dem Stall, damit seine Durchlaucht rauschende Feste feiern kann.« Die letzten Sätze sprudelt der säumige Zahler als Anklage hervor.

Den Gläubiger erreicht die Klage nicht. Der lehnt sich zurück und wartet, verächtlich lächelnd, auf die letzten Worte des Verzweifelten. Und sich selbst schützend, die Umstände der Zeit anklagend, lauten diese: »Und Ihr sagt, ich hätte mein Geld im Hurenhaus gelassen.«

»Lasst mir das Gejammer. Ich gab Euch harte Währung, Ihr habt sie genommen. Es gibt keinen Aufschub mehr. Beim nächsten Gerichtstag wird versteigert. Und nun hinaus, verlasst mein Kontor.«

Eine Magd öffnet die Tür zum Vorraum und weist dem Bauern mit einer Verbeugung den Weg. Das tut sie mit einer gut gezirkelten Bewegung, die eine spöttische Bemerkung überflüssig macht. Der Hausdiener, die Demütigung auf die Spitze treibend, stößt den Bauern durch die Tür, sodass dieser strauchelt.

Der Dichter, spring hinzu, fängt den Stürzenden auf: »Nur Mut, guter Mann, auch die schlimmsten Tyrannen fallen und dem Gestrauchelten werden sich hilfreiche Hände entgegenstrecken.«

»Herr«, brummt der Hausdiener respektlos, wohl, um der Magd zu imponieren, die noch immer im Türrahmen steht, »lasst Euer Salbadern von den hilfreichen Händen und den bösen Tyrannen. Wenn Ihr das glaubt, dann solltet Ihr in die Kirche gehen oder besser noch ins Theater. Wir hier sind jedenfalls nicht im *Fiesco*, verfasst von einem gewissen Herrn Schiller. Wir sind hier beim Geldverleiher Beit. Übrigens, in besagtem Stück könnt Ihr erleben, wie aus einer eingangs helfenden Hand ganz schnell die eines Mörders wird.«

»Was denn«, Schiller ist voll Erstaunen und mustert den grobschlächtigen Riesen, denn ein solcher ist der Hausdiener und überragt den ehemaligen Zögling der Karlsschule um gut zwei Zoll. »Ihr habt das Stück gesehen?«

»Natürlich habe ich es gesehen. Glaubt Ihr vielleicht, gnädiger Herr, dass nur die Mannheimer, die Leipziger aber nicht, das Ohr an der Welt haben?« Der Hausdiener wartet nicht auf die Erwiderung des Schwaben, denn als solchen hatte er den Wartenden sofort erkannt, sondern bricht brüsk das Gespräch ab und begibt sich ins Arbeitszimmer und lässt dabei die Tür vielsagend hinter sich ins Schloss fallen, so, als wolle er bekunden: »Das Gespräch mit Euch ist hiermit beendet.« Was sehr deutlich ist und die Seele des Dichters trifft wie ein spitzer Dolch.

Die Tür öffnet sich erneut.

»Nun, Ihr Herren, wer will der Nächste sein?«, wollte die die Magd respektlos wissen. Und gleich darauf wiederholt sie erneut mit unüberhörbarem Hohn in der Stimme, den eine spöttisch einladende Handbewegung begleitet: »Nun, wer wagt sich in die Höhle des Löwen «

Der Handwerker, dem das Herz in die Hose gerutscht ist, lässt dem nach ihm gekommenen Schiller mit einer Geste, »Geht nur vor mir, vielleicht habt Ihr mehr Glück als ich«, den Vortritt, froh, noch eine Galgenfrist zu bekommen.

Schiller fasst sich schnell und befiehlt voller Würde in Richtung der dreisten Magd: »Meldet den Hofrat Schiller.«

Sofort knickst die Magd und kehrt ihren Schritt ins Kontor, nicht ohne despektierlich zu murmeln: »So, so, der Herr Hofrat Schiller.« Und plötzlich, noch bevor sie die Klinke in der Hand hält, wendet sie sich um: »Aber doch hoffentlich nicht der ‚Räuber'-Schiller?« Die Tür fällt ins Schloss, schneidet die

Antwort ab, sie steht vor ihrem bärbeißigen Dienstherrn und dröhnt: »Der Herr Hofrat Schiller bittet, vorgelassen zu werden.«

»Potztausend! *Der* Schiller? Der ›Räuber‹ Schiller und Schöpfer von Luise und Ferdinand?«

So manches weiß Beit über diesen Aufrührer. Da unterscheidet er sich nicht von seinem Hausdiener, doch während dieser in seiner knapp bemessenen Freizeit ab und an die Aufführung einer Wander-Theatergruppe besucht, hütet sein Dienstherr die Gold- und Silbertaler, füttert seine Angst vor dem Tyrannenmord, der kommen muss, wenn die Gedanken dieser Schreiberlinge - Schiller war ja nicht der Einzige, der Aufruhr predigte - sich einst durchsetzen würden. Ha, jetzt war die Zeit für seine Rache gekommen. Völlig unerwartet, aber umso effektiver könnte er jetzt seine Macht beweisen. Der Dichter sollte zahlen für die nächtlichen Ängste, die er ihm, von dem er heute Geld wollte, bereitet hatte. Bereuen soll dieser Schreiberling, den Fuß jemals in sein Kontor gesetzt zu haben. Dem würde er den Weg weisen. Wie der sich wundern würde. Ein, um die Macht des Geldes wissendes Lächeln zieht über Beits Gesicht. Von wegen Geld. Sein Geld für Aufruhr. Da sei Gott vor.

Die Magd unterbricht den Gedankenfluss und beendet ihre Anmeldung mit der Bestätigung: »Ja, Herr, genau der steht draußen, glaube ich.«

»Na, dann bittet ihn herein, den Hungerkünstler«, kommt es fröhlich aus dem breiten Mund, und wären da nicht die verräterisch zitternden Fältchen in den Mundwinkeln gewesen, hätte man meinen können, der Hofrat Schiller würde schon sein Geld bekommen.

Die Magd öffnet erneut die Tür: »Der Herr Beit lässt bitten, Herr Hofrat.« War es Hohn, war es Spott, der da mitklang?

Schiller indessen lässt sich nichts anmerken, bedankt sich höflich, betritt das Kontor und verbeugt sich achtungsvoll vor dem, hinter dem monströsen Schreibtisch thronenden Herren über Arm und Reich.

Beit dankt zögerlich und ohne sich zu erheben mit einem knappen unwilligen Kopfnicken, während sich die Magd, Dreispitz und Stock in den Händen haltend, entfernt.
»Ich gehe wohl nicht fehl in der Annahme, dass Ihr um einen Kredit hergekommen seid«, eröffnet der Geldverleiher unumwunden das Gespräch. Ohne auf Bestätigung zu warten, fügte er hinzu: »Da kommen sie und sind so viele an der Zahl.

Die Herren Räte und Grafen. Sind allesamt verschuldet, genau wie gewisse Dichter, die die Welt aus den Angeln heben wollen.« Dabei hebt er seine, die Ringe beschützende, linke Hand und beschreibt mit dieser den Erdenkreis.

Schiller verspürt aufsteigende Hitze an seinen Haarwurzeln, eine Erwiderung schiebt sich auf seine Zunge, kann aber den fest verschlossenen Mund nicht verlassen. Eine kleine Schweißperle sucht sich ihren Weg zur Nasenspitze.

Der Wucherer, der ihn, wie eine Schlange das Kaninchen, mit halb geschlossenen Augen mustert, legt nach: »In einem sind sie sich alle gleich: Sie brauchen Geld, da ihnen die Schmiere ausgegangen ist und alles quietscht und knarrt und klemmt, wie die Achse im trockenen Lager!«

Hätte Schiller jetzt noch seinen Dreispitz in den Händen gehalten, er würde er ihn jetzt vor Wut zerknüllen, so aber breitet sich die Röte der Ehrverletzung über sein Gesicht, die verräterische Schweißperle erreicht die Nasenspitze. Zufrieden kommentiert Beit: »Die einen benötigen die goldene Schmiere für schöne Frauen, für ein Lotterleben also. Die anderen brauchen die goldene Schmiere für das Verfassen aufrührerischer Pamphlete.«

Damit war dem Dichter einstweilen genug eingeheizt. Genug des guten Gefühls, einen Bittsteller vor seinem Schreibtisch zu wissen, von dem die einen behaupteten, er sei eine Hoffnung für das Land, die anderen aber, zu denen auch Beit gehört, diese Hoffnung am liebsten im tiefsten Kerker eingesperrt wüssten. Mit einer huldvollen Handbewegung gibt er dem Dichter zu verstehen, dass er jetzt an der Reihe sei, seinen Wunsch nach Geld vorzubringen.

»Ja, um einen Kredit bin ich gekommen«, erneut macht sich eine Schweißperle auf den Weg, »weil meine Achse, wie Ihr sehr richtig zu bemerken pflegtet, nicht ohne Schmiere läuft, und weil der Verfasser aufrührerischer Pamphlete von seinem Landesherrn seit seinen Kindheitstagen, verfolgt wird.«

»Warum ich ihm das erzähle?«, sein Stolz rät ihm: »Geh doch! Auf der Stelle!« Sein Geist, die Not der kommenden Tage fürchtend, hemmt die Beine, die gehen wollen. Körper und Geist im Widerspruch um die Lösung aus dieser misslichen Situation, in der bedrückenden Luft des dunkel getäfelten Zimmers. Der Schweißtropfen platscht von der Nasenspitze auf die ringenden Hände.

Der Geldverleiher, das Schauspiel genießend, lehnt sich in seinem Sessel zurück, fühlte sich bestätigt in seiner Einstellung gegen das verhasste Neue, welches sein Gegenüber förmlich ausstrahlt. Er kennt den Dichter. Kein Wunder, ist dieser doch landauf, landab bekannt und gefürchtet, erfährt gleichermaßen Verehrung und Verachtung in den höchsten Kreisen. Geldnot war schon in der Vergangenheit sein ständiger Begleiter, ebenso wie sein verworrenes Liebesleben, deshalb steht er ja heute hier, als Bettler vor dem Herrn, als Bettler um die nötige Schmiere. Geschäft ist allerdings Geschäft, der Teufel lockt und deshalb will Beit lauernd wissen: »Nun ja, einen Kredit wünscht der Herr? Zu den landesüblichen Konditionen?«

Keimt da eine Hoffnung? Schiller wischt mit einem Tuch über die Stirn. »Ja, ich bräuchte einen Kredit zu den landesüblichen Konditionen.«

»Der Herr Hofrat Schiller ist, wie ich weiß, allerdings kein Bürger der Stadt Leipzig und außerdem auf der Flucht vor dem Hohenasperg.« Nach einer kleinen Pause, mit Triumph in der Stimme, spricht er weiter: »Auf dem im tiefsten Keller sein Spießgeselle Schubart seit Jahr und Tag schmachtet.«

Alle Hoffnung schwindet. Es entsteht eine peinvolle Stille, in die hinein Beit plötzlich poltert: »Er ist doch der Dichter Schiller, der sich in seiner Heimat nicht mehr blicken lassen darf, weil er gegen die Anordnungen seines gütigen Landesherrn verstieß?«

Schiller schweigt zu dieser Anklage, dafür ist ihm sein Kampf um Gehen oder Bleiben deutlich anzusehen.

Während der Dichter sein Schnupftuch erneut aus der linken Manschette seines Rockes langt, triumphiert der Geldverleiher: »Soll es mir am Ende so gehen wie einem gewissen Herrn Streicher, der sein Erbe an Euch verschwendete und nun mittellos durch die Lande wandelt?« Der ist reif zum Sturm, jubelt die innere Stimme des Unerbittlichen Geschäftsmannes zufrieden und bietet plötzlich, seine Stimmung wechselnd, in verändertem Ton, seinem Klienten, der noch immer stehend vor seinem Schreibtisch ausharrt, einen Platz an, bevor dieser sich zum Gehen wenden kann. Dabei zieht er ein Papier aus einer vor ihm liegenden Mappe und fragt, sich dahinter verbergend: »Nun also, mit welchen Geldeingängen könnt Ihr denn in nächster Zeit rechnen? Schließlich muss ich ja mein verliehenes Geld eines Tages wiederhaben.«

»Vom Verleger Göschen erwarte ich in Zukunft einige Geldeingänge.«

»Nur, mein Herr, der Verleger Göschen weilt, wie Ihr, erst seit Kurzem in Leipzig und ist neu im Geschäft. Da gibt es einiges an Unwägbarkeiten.«

Schiller erhebt sich. »Das hier bringt mich nicht weiter«, denkt er. »Was hat sich Ferdinand Huber nur dabei gedacht, mir diesen Mann zu empfehlen?«

Beit hält ihn mit einer Geste auf dem Stuhl zurück.

»Wartet noch einen Augenblick! Vielleicht hat Er Sicherheiten? Vielleicht einen guten Namen?«

»Auf des Herrn Ludwig Ferdinand Huberts Empfehlung kam ich zu Ihnen, Herr Beit, aber leider spüre ich keinerlei Entgegenkommen Ihrerseits. Deshalb glaube ich nicht, dass sich weiteres Verhandeln lohnen sollte.«

Der Geldverleiher wittert Morgenluft und kombiniert geschäftstüchtig: »Wo Ferdinand Huber ist, ist Körner nicht weit«, und bittet, erneut dieses Mal mit einladender Handbewegung, den Dichter zu bleiben.

»Dieser Name ist mir geläufig und gehört zu einem guten Schuldner. Er ist einer, der keine Rate verstreichen lässt. Vielleicht hat der Herr noch einen anderen Bürgen?«

Schiller zögert, greift tief in die Rocktasche, zieht den Brief von Christian Gottfried Körner heraus, entfaltet ihn sorgfältig und reicht ihn wortlos über den Schreibtisch. Sein Gegenüber liest, erst leise, dann laut und deutlich:

»Mein lieber Freund, verehrter Genius, jeder große Künstler muss mit unumschränkter Macht über den Stoff herrschen, aus dem er seine Welt erschafft oder wodurch sich sein Genius verkörpert. Er spricht, so geschieht es, er schreibt, so stehe es wie in ehernen Lettern. Wehe dem, der noch mit widerspenstigen Elementen zu kämpfen hat, wenn ihn begeisternde Ideen durchglühen. Und darum, lieber Freund, greift auf meine Bürgschaft zurück, wenn Ihr in materieller Not seid. Seit unserer Begegnung in Kahnsdorf weiß ich: In Euch ruht eine Kraft für Jahrhunderte Menschheit. Wie kann ich damit meiner bescheidenen Hilfe zögern? Und wenn Ihr Mühe habt, die Hilfe anzunehmen, so nehmt sie als Dank für die Handlung um Luise und Ferdinand. Sie hat meiner Minna und mir die Kraft gegeben, alles zu überwinden, was unsere Zeit an Barrieren aufgebaut hat. Das gilt auch für Dora Stock und Ludwig Ferdinand Huber. In ein paar Jahren könnt Ihr mir meinethalben, vorausgesetzt Ihr lebt im Überfluss, alles wieder zurückgeben.[3]

»Halt! Das reicht, gebt mir den Bogen zurück«, verlangte Schiller laut und bestimmt.

Mit plötzlich fast unterwürfiger Stimme schallt es jetzt über den Schreibtisch:

»Das ist ein Name und ein Wort, dem ich vertrauen kann.« Und schon greift Beit schnell zur Feder, um einen Vertrag aufzusetzen. Während er schreibt, trägt der Hausdiener, wie ihm der Verleiher befohlen hatte, einen prall gefüllten Beutel heran und stellt ihn auf den Tisch. Der Darlehensgeber weist mit der Feder auf die Geldbörse und murmelt: »Dreihundert Dukaten. Schmiere für eine hoffentlich lange Zeit.«

Auch Schiller hat sich eine Feder gegriffen, ohne den Wucherer zu fragen, beschreibt er ein Billett, das er aus der Tasche gezogen hatte.

»So, das haben wir, der Vertrag ist aufgesetzt.« Mit Schmalz in der Stimme, welches seine Wagenschmiere war, schiebt der Geldverleiher nun den Kontrakt über den Schreibtisch: »Hier brauchen der Herr Hofrat nur noch zu unterschreiben und alles ist in der Ordnung, die Achse läuft nunmehr in goldener Schmiere.«

Schiller unterzeichnet, ohne zu zögern, dankt und verabschiedet sich mit vollendeter Verbeugung.

Die Magd bringt jetzt Hut und Stock, geleitet Schiller zur Tür, öffnet sie mit einem höflichen Knicks und entlässt ihn: »Einen guten Tag, dem Herrn Hofrat.«

Obwohl der Räuberdichter den Raum hastig, fast fluchtartig verlässt, meint er noch, die tiefe devote Verbeugung des Wucherers zu sehen, die dieser über den Schreibtisch hinweg vollführt.

Unwirsch wischt Schiller diese Beobachtung beiseite und geht.

Im Vorraum reicht er dem Handwerker das Billett, nickt ihm aufmunternd zu und tritt dann aus dem Haus in den Sommertag.

Zurückgeblieben, liest der Handwerker das Billett, welches ihm Schiller heimlich zugesteckt hat: »Wem der große Wurf gelungen, eines Freundes Freund zu sein, der kann unbesorgt auch anderen helfen. Lieber Freund, kommt morgen in der neunten Stunde in mein bescheidenes Quartier im *Kleinen Joachimsthal* - Hain Straße 5, Studentenzimmer unter dem Dach, dort wollen wir gemeinsam beraten, wie auch Euch geholfen werden kann.«

Der so Beschenkte steht noch eine Weile, von der Welt abgekehrt, im Raum. Dann macht er kehrt, den Ruf der Magd überhörend, wobei eine himmlische Musik seine Ohren erreicht: »Brüder, überm Sternenzelt muss ein lieber Vater wohnen!« Hatte ihm diese Zeile des hinauseilenden Dichters in die Ohren geflüstert oder war es die Hoffnung, die vom Billett ausging?

PUPPENSPIEL

Die Silberschnalle

1. AKT
Die Silberschnalle

Bühnenbild: Wald um Lorch
Bühnenbild: Schillers Stube
Bühnenbild: Kirchenportal
Musik: „Pastorale" 6. Von Beethoven

Darsteller:
Schiller
Christophine
Vater
Mutter
Betteljunge
Kaspar
Seppel
Erzähler 1
Erzähler 2

Musik

2. AKT
Schiller in Kahnsdorf

Bühnenbild: Gut Kahnsdorf
Musik: 9. Von Beethoven

Darsteller:

Schiller
Körner
Ernesti
Erzähler 1
Erzähler 2

Musik
1. AKT
Musik 9.

Erzähler 1
Vor der Bühne

1759 wurde unser Nationaldichter Friedrich Schiller in Marbach geboren.
1764 zog die Familie, er und seine fünf Schwestern nach Lorch. Von diesem Ort sagte Schiller: Er sei das Paradies seiner Jugend gewesen. Hier lernte er den Pfarrer Moser kennen und entschloss sich bald darauf(er war erst fünf Jahre alt) später selber Pfarrer werden zu wollen!
Unser Puppenspiel erzählt von dieser entscheidenden Stelle in Leben des jungen Schiller.

Kaspar

Kinder, habt ihr das gehört: 1759 (vor 262 nicht sagen) wurde unser Nationaldichter Friedrich Schiller geboren. Seppel, weißt du wie lange das her ist?

Seppel

Was du mich immer fragst!
Ich habe es: Frag doch die Kinder!

Kaspar

Kinder, kann mir einer von euch sagen vor wie viel Jahren das war, oder haben wir einen schlauen Lehrer unter uns, den ich fragen kann.

Seppel
Zu den Kindern

Der weiß das selber nicht, deshalb fragt der uns.

Kaspar

Da ist der Schlaumeier unter uns

Er ruft/ zeigt auf den Zuschauer

Genau vor 262 Jahren wurde Friedrich Schiller geboren.

Der Vorhang hebt sich, die Stube der Schillers ist zu sehen,.

Bühnenbild: Stube

Erzähler 2

Also auf in das Jahr 1764 und hinein in Schillers Wohnstube

Musik: Schiller

Wo bleiben denn unsere Kinder. Sie müssen doch gleich zum Sonntagsgottesdienst.

Mutter Schiller
Sieht aus dem Fenster

Sieh nur Mann, wie sie im Schnee herumtollen, aber ich werde sie gleich hereinrufen.

Geht zur Tür und ruft

Mutter Schiller

Christophine, Fritz, kommt herein, ihr wollt doch zum Pfarrer Moser, oder soll der heute vor leeren Kirchenbänken predigen?

Christophine, ihren Bruder an der Hand stürmen in die Stube

Christophine

Das kann mein Friedrich nicht wollen, seinen Pfarrer Moser allein zu lassen.

Friedrich

Ich möchte aber gern meine warmen Schuhe mit den Silberschnallen anziehen.

Vater Schiller

Eitelkeit mein Sohn! Ob das deinem Pfarrer gefällt?

Mutter Schiller

So lass ihn doch und Eitel ist er ohnehin nicht.

Die beiden Kinder sind fertig und verlassen das Haus.

Neues Bühnenbild Kirchenportal
Eine kurze Musik

Christophine

Sieh nur Friedrich, der frierende Betteljunge am Kirchenportal. Er steht da in Schnee und Frost und hat nicht einmal Schuhe an seinen Füßen.

Betteljunge
Friert

Friedrich
Sieht genau hin

Ja, die sind ganz blau gefroren vor Kälte.
Aber geben können wir ihm nichts, wir haben ja selber kein Geld.

Christophine schiebt ihren Bruder wortlos durch das Portal.
Predig oder Gesang der Kirchgemeinde
Die beiden kommen aus der Kirche

Friedrich
Sieht den Betteljungen

Mir ist gerade etwas eingefallen Christophinchen! Wenn ich einmal groß bin, will auch ich ein Pfarrer werden.

Christophine
Ich weiß, ich weiß, aber was hat das mit deinem Einfall zu tun?

Puppenführer Friedrich tritt vor die Bühne

Kaspar
Kinder könnt ihr euch denken, was der Friedrich plant.

Seppel

Papperlapapp!!! Du mit deiner ewigen Fragerei. Du bist ja bald wie meine Oma. Die will auch immer alles wissen: wo warst du? was hast du getan, mit wem hast du gespielt und, und, und.
Ich will aber jetzt wissen wie es weiter geht. Ihr doch sicher auch. Also Michael, was sagen die Puppen

Puppenführer Friedrich
Noch immer vor der Bühne

Du hast Recht also hört wie es weiter geht.

Zurück hinter die Bühne

Friedrich

Ich möchte den Menschen helfen und vielleicht auch ein Lehrer sein, wie mein verehrter Pfarrer Moser und deshalb habe ich etwas gefunden, was ich dem Betteljungen geben kann..

Christophine
Da bin ich aber jetzt gespannt.
Kaspar und Seppel

Na und wir erst!
Na und ihr doch sicher auch Kinder

Friedrich

Hier, meine Silberschnallen, die will ich dem Betteljungen vor der Tür geben.

Christophine und Frierdrich kommen aus der Kirche
Da läuft ihnen der Betteljunge über den Weg und Friedrich bemerkt, genau wie seine Schwester, dass er in der Kälte des Februartages barfuß durch den kalten Schnee läuft.

Betteljunge

Oh, mir ist so kalt, oh wie ich friere.

Christophine

Aber wird Vater nicht sehr böse sein, wenn du die Silberschnallen verschenkst.

Friedrich
Winkt ab
bückt sich zu seinem Schuhwerk, löst die Silberschnallen und reicht sie dem verdatterten Kind.

Nimm sie und kaufe dir ein paar Schuhe dafür!

Betteljunge

Vielen Dank. Aber was wird dein Vater sagen, wenn du ohne Silberschnallen nach Hause kommst?

Friedrich

Nimm nur. Bitte nimm sie nur und mein Vater wird das schon verstehen, der hat ein gutes Herz.

Christophine

Ja, Vater und Mutter haben ein gutes Herz. Und du hast das gut gemacht. Wir können sicher ohne Sorge nach Hause gehen.

Unbeschwert singen beide ein Lied
Zu Hause angekommen wird Friedrich von seinem Vater zur Rede gestellt

Musik auf dem Heimweg

Kaspar

Ja, was werden die Eltern sagen?

Seppel

Kinder, was denkt ihr: werden die Eltern ihrem Friedrich böse sein?

Neues Bühnenbild: Stube

Mutter Schiller

Endlich seid ihr wieder zurück.

Vater Schiller

Endlich, jawohl, die Kälte ist doch gar zu grimmig. Wo hast du nur deine Silberschnallen gelassen?

Ohne Angst, denn die brauchten die Schiller-Kinder vor ihrem Vater nicht zu haben, erklärt der Knabe die Sache mit dem Bettelkind

Friedrich

Ich habe doch noch ein Paar Schuhe mit Silberschnallen. Und da war doch dieser Betteljunge.

Christophine

Ja Vater, und der Junge mit den schrecklich blaugefrorene Füßen

Vater

Nun, wenn es dir dein Herz geraten hat, dann hast du richtig gehandelt.

Friedrich

Wo ich doch Pfarrer werden will. Und der hat heute gesagt:

Geben kommt aus dem Herzen und ist deshalb seliger als nehmen.

Christophine wiederholt

Christophine

Ja, das Herz ist ein guter Ratgeber und deshalb ist Geben seliger als nehmen

Vater und Mutter nehmen ihre Kinder in die Arme

Vater und Mutter Schiller und Kinder

Daran habt ihr beide recht getan.

Kaspar

Kinder ihr glaubt doch auch, dass die Beiden richtig gehandelt haben?

Seppel

Dann klatscht nur recht kräftig. Und auf Wiedersehen im nächsten Jahr.

Musik

2. AKT
Musik: 9.

Erzähler 2

So lebte Friedrich in seinem „Kindheitsparadies in den Wäldern und geheimnisvoll verfallenen Klöstern. Und er wäre Pfarrer geworden, wenn da nicht eines Tages der Herzog Karl Eugen von Würtemberg in sein Schicksal eingegriffen hätte. „Der Mörder seiner Jugend „, wie er den Herrscher bezeichnete beorderte ihn zum Studium an seine Pflanzschule. Er sollte durch Drill und Druck zu einem Offizier ausgebildet werden. Es half kein Flehen und Bitten, 1773 musste er einrücken.

Erzähler 1

Es begann der Weg, der ihn schließlich am 1. Juli 1785 hierher nach Kahnsdorf führte. Der war der berühmte Dichter „Der Räuber“ und des Dramas „Kabale und Liebe“ und er war auf der Flucht und immer ohne Geld. Das sollte sich an diesem Tag ändern. Er traf sich hier mit seinen Leipziger Feingeistern. Und als er am anderen Tag zurück nach Leipzig fuhr arbeitet er an der *„Ode an die Freude“*

Christian Körner

Nun, da Ferdinand mit Dora und Minna über den See rudern möchte ich die Stunde nutzen um Dir lieber Friedrich das traute Du anzubieten.

Erzähler2

Schiller schweigt vor Ergriffenheit. In seinem Herzen lauscht er dem nach, was ihm da angeboten wurde. Seit einem Jahr fühlte er sich getragen vom Edelmut Körners, fühlt er Heimat in der Runde der Feingeister.

Friedrich

Danke, lieber Christian«, es scheint die rechte Stunde für diesen vertraulichen Beweis zu sein. Für das Du in unserer Beziehung und zur Beschreibung meiner Gefühle, meiner beschwingten Freiheit kann ich nur sagen:

Erzähler 1

Wollt ihr hoch auf der Freiheit Flügel schweben,
werft die Angst des Irdischen von euch,
fliehet aus dem engen, dumpfen Leben,
in das ideale Reich.«

Friedrich

Lieber Christian, du gibst mir die Freiheit, die mich schaffen lassen wird. Schaffen, Dafür sei mein bester Dank, den ich bieten kann, die Arbeit am Werk für die Menschen. Sie frei zu machen, wie du mich durch deinen edlen Großmut freimachst.

Christian Körner

Was ist das Geld mehr als ein leerer Wahn und falscher Zauber.

Friedrich

Ja, du erlöst mich von meinen ständigen Geldsorgen

Christian Körner

Ich bin dem Gelde nicht verfallen. Ich will Gutes tun!

Friedrich

Ja Christian, du bist dem Gelde nicht verfallen!

Christian

Unser Bündnis weist weit in die Zukunft! Die Jugend freizumachen, sie zu bestärken, immer wieder an der Ordnung ihrer Väter zu rütteln und dadurch die Welt zu verändern, in neuen Generationen.

Erzähler 2

Einige Augenblicke später ist, gleichsam mit dem Abendhauch, der Zauber gewichen, hat einer feierliche Stille, die über der Landschaft lag, Platz gemacht und nur von Fern erklingt Mozarts Melodie im Gleichklang mit dem aufkommenden Gesang der Nachtigall und Friedrich formt die ersten Zeilen seiner „Ode an die Freude:

Friedrich
Begleitet durch Musik

Wem der große Wurf gelungen,
Eines Freundes Freund zu sein,
ja, wer auch nur eine Seele,
sein nennt auf dem Erdenrund
sei eins mit uns,
in unserem Seelenbund.

Musik
Die Spieler treten vor die Bühne

Ende

Anmerkungen

1. Zitat aus dem Briefwechsel zwischen Schiller und Körner vom 07.05.1785, aus: Friedrich Schiller Archiv, www.friedrich-schiller.de
2. Zitat aus dem Briefwechsel zwischen Schiller und Körner vom 07.05.1785, aus: Friedrich Schiller Archiv, www.friedrich-schiller.de
3. Zitat aus dem Briefwechsel zwischen Schiller und Körner vom 07.05,1785, aus Friedrich Schiller Archiv, www.friedrich-schiller.de

Literaturverzeichnis

Friedrich Schiller: Sämtliche Gedichte und Balladen, herausgegeben von Georg Kurscheidt, Frankfurt 2005

Otto W Förster: Fritz Schiller: Eine Erzählung um Friedrich Schiller in Mannheim - Leipzig - Dresden (Deutsch), Mai 1997

Ursula Wertheim: Friedrich Schiller – Dichter der Nation 1759-1805, Verlag Neues Leben, Berlin 1959

J. Stieler: Lebensbilder deutscher Männer und Frauen, Verlag Jugendhorst, 1913, 3. Auflage

Zeittafel zu Schiller und Körner
1759-1787

Datum	Ereignisse	Personen
10.11.1759	Friedrich Schiller wird in Marbach am Neckar geboren	**Mutter:** Schiller, Elisabeth Dorothea, geb. Kodweiß **Vater:** Schiller, Johann Caspar
1764 **1766**	Umzug nach Lorch *Paradies seiner Kindheit* Erste Begegnung mit Pfarrer Moser Ludwigsburg Erste Begegnung mit dem Theater Erste Schreibversuche	**Paul Moser**
1773	Schiller wird auf Schloss »Solitude« befohlen (»Pflanzschule«) *»Herzog Carl Eugen von Württemberg, der Mörder meiner Kindheit«*	**Herzog Carl Eugen (Württemberg)**
1773 bis 1780	Student der Rechte und später der Medicin. Schiller belegt ein Philosophie-Seminar Moral und Ästhetik.	**Prof. Abel**

	Trinklied *An die Freude* Erste Examensarbeit *Philosophie der Physiologie* (1779) Ein Gutachter schreibt: »Der Verfasser verspricht, nach vollendeter jugendlicher Gärung, einen wirklich unternehmenden nützlichen Gelehrten.« Herzog Karl Eugen dagegen verordnet ein weiteres Jahr an der Akademie: »Damit er einstweilen sein Feuer etwas abkühlen kann«. Zweite Abschlussarbeit *Über den Zusammenhang der tierischen Natur des Menschen mit seiner geistigen*	
1780	Erste Begegnung mit Goethe Erfolgreiche Entlassung aus der Karlsschule, danach Regimentsmedicus in Stuttgart.	**Goethe, Johann Wolfgang von**
1781	Anonyme Veröffentlichung *Die Räuber* beim Verleger Der Schuldenkreislauf beginnt	**Schwan, Christian Friedrich**
1782	Aufführung *Die Räuber* in Mannheim Erste Arbeiten am *Fiesco* Der Herzog verbietet jede dichterische Betätigung	**Herzog Carl Eugen (Württemberg)** **Intendant von Dalberg**
Okt/ Nov 1782	Flucht aus der Garnison in Stuttgart nach Mannheim, Frankfurt, Oggersheim, Bauerbach	**Streicher, Andreas**

Dez. 1782 bis Juni 1783	Unterschlupf in Bauerbach, Thüringen	Begegnung mit **Henriette und Charlotte von Wolzogen** **Wilhelm Reinwald**
1783	Trauerspiel *Luise Miller* fertiggestellt Weitere Arbeiten am *Don Carlos* Verliebt sich in die Tochter seiner Förderin Auf Einladung v Dalbergs zurück nach Mannheim	**Iffland** ***Don Carlos***
Juli 1783	Theaterdichter in Mannheim Schwere Erkrankung Auseinandersetzungen mit den Darstellern Unglückliche Affäre mit der Aktrice Luise Baumann Abgelehnter Heiratsantrag durch die Tochter des Verlegers Schwan in Mannheim	**Baumann, Luise** **Schwan, Anna Margaretha**
1784 **Juni 1784** **Dez. 1784**	Aufführung: *Fiesco* und *Kabale und Liebe* Die Feingeister aus Leipzig, Erste Kontakte mit Körner und Ferdinand Huber Charlotte von Kalb bringt Schiller mit dem Herzog Karl August zusammen	**Charlotte von Kalb** **Christian Gottfried Körner** **Dora und Minna Stock** **Ferdinand Huber**
Dez. 1784	Erhält den Titel eines Rates verliehen	**Herzog Karl August (Sachsen-Weimar-Eisenach)**
1785 Febr. /Mai	Briefwechsel mit Körner	**Christian Gottfried Körner**

Apr. 1785 - Juli 1787	Schiller zu Gast bei Körner in Gohlis/Leipzig und Loschwitz	
1./2. Juli 1785	Eine Übernachtung in Kahnsdorf	**Ernesti/Huber/die Stocks**
3. Juli 1785	Brief an Körner Erste Zeilen der Ode *An die Freude*	
1786	In der Zeitschrift »Thalia« erscheint *An die Freude* Beethoven liest begeistert und entschließt spontan eine Kantatensinfonie zu schaffen	**Beethoven**
Juli 1787 - Mai 1788	*Don Carlos* erscheint bei Göschen in Leipzig Schiller. verliebt in Henriette von Arnim Schiller in Weimar Begegnung mit Charlotte von Kalb Freundschaftsbund mit Goethe in Rudolstadt	**Verleger Göschen Henriette von Arnim Charlotte von Kalb Henriette von Arnim Johann Wolfgang v Goethe Lengefeld, Louise Lengefeld, Charlotte und Caroline**

Personen

Abel, Jacob Friedrich von
*09.05. 1751 Vaihingen
†07.07.1829
Deutscher Philosoph, hatte großen Einfluss auf den jungen Schiller, lebenslanger Freund.
Arnim, Henriette von
*1768
† 1847, Tochter einer Kammerdame, trifft Schiller 1787 auf Einem Faschingsball, sie stürzt ihn in eine unglückliche, heftige Liebe.
Bach, Carl Philipp Emanuel
*1714 Weimar
†1788 Hamburg,
Sohn der Familie Bach, anerkannter Komponist und Kirchenmusiker.
Beethoven, Ludwig van
Getauft 17.12.1770 in Bonn
†26.03. 1827 in Wien
Komponist, vollendete 1824 seine 9. Sinfonie, deren letzter Satz ein Choralfinale nach Schillers Gedicht „An die Freude", das er 1786 in der Zeitschrift „Thalia" gelesen hatte.
Dalberg von, Wolfgang Heribert
*18.11. 1750 in Worms
†27.09.1806 in Mannheim
Theaterdirektor in Mannheim von 1778 bis 1803.
Versuchte ein deutsches Nationaltheater nach dem Vorbild des Wiener Nationaltheaters zu schaffen
Don Carlos
*1545 Valladolid
†1568 Madrid
Ältester Sohn König Philipps II. von Spanien, Infant von Spanien.
Ernesti, Gottlieb
*1756 Arnstadt
†1802 Kahnsdorf
Enger Freund von Christian Körner
Goethe, Johann Wolfgang von
*23.08. 1749 Frankfurt a. Main
†22.03.1832 Weimar
Dichter, Naturforscher , Freund Schillers seit 1788

Göschen, Georg Joachim
*1752 Bremen
†1828 Grimma
Verleger der ersten Gesamtausgabe Schillers
Huber, Ludwig Ferdinand
*14.09.1764 Paris
†24.12.1804 Ulm
Freund Christian Gottfried Körners, verlobt mit Dora Stock, deutscher Schriftsteller, Übersetzer und zeitweiliger Journalist.
Iffland, August Wilhelm
*19.04.1759 Hannover
†22.09. 1814 Berlin
Schauspieler, Intendant und Dramatiker
Kalb, Charlotte von
*1761 Waltershausen
†1843 Berlin
Schriftstellerin, 1784 Liebesbeziehung zu Schiller in Mannheim
Karl August Herzog von Sachsen-Weimar-Eisenach,
*1757 Weimar
†1828 Schloss Graditz bei Torgau
Karl Eugen
*1728 Brüssel
†1793 Hohenheim
Von 1744 bis 1793 Herzog von Württemberg, befahl Schiller an die militärische Karlsschule (siehe Solitude)
Körner, Christian Gottfried
*02.07.1756 Leipzig
†13.05.1831 Berlin,
Gönner und Förderer Schillers, lebenslanger Begleiter, Herausgeber der ersten Gesamtausgabe Schillers, Herausgeber des poetischen Gesamtwerkes seines Sohnes Theodor Körner
Körner, Theodor
*23.09.1791 Dresden
†26.08.1813 Gadebusch,
Sohn von Minna und Christian Gottfried Körner, Sänger und Held im Lützowschen Freikorps
Lengefeld, Caroline von
*03.02.1763 Rudolstadt
†11.04.1847 Jena
Schwester von Charlotte, Schriftstellerin, heiratet nach ihrer Scheidung von Friedrich Wilhelm Ludwig von Beulwitz heiratet sie Wilhelm von Wolzogen, befördert in Weimar die Literaturentwicklung um Goethe und Schiller

Lengefeld, Charlotte von
*22.11.1766 Rudolstadt
†09.07.1826 Bonn
Schwester von Caroline, Ehefrau Schillers 1790-1805
Lengefeld, Louise von
*27.06.1743 Wolkramshausen
†11.11.1823 Rudolstadt
Mutter von Charlotte (Ehefrau Schillers) und Caroline
Locke, John
*29.08. 1632
†28.10.1704
Englischer Philosoph, politischer Theoretiker, Begründer des Liberalismus
Moser, Pfarrer in Lorch,
Schillers Vorbild im Leben und Figur in seinem Stück „Die Räuber"
Mozart, Johannes Chrysostomus Wolfgangus Theophilus
*27.01.1756 Salzburg
†05.12.1791 Wien
Komponist, Musiklehrer, stand mit Dora Stock in geschäftlichen Beziehungen
Neuberin
siehe Neuber, Friederike Caroline Neuber geb. Weißenborn
Neuber, Friderike Caroline
*1697 Reinsdorf, Sachsen
†1760 Laubegast
Ehefrau von Neuber Johann, Theaterprinzipalin
Neuber, Johann Ehemann von Friederike Caroline Neuber, Schauspieler und Stückeschreiber
Reinwald, Wilhelm
*11.08.1737 Wasungen
†06.08. 1815 Meiningen
Sprachwissenschaftler und Bibliothekar. Heiratete Schillers Lieblingsschwester, Elisabetha Christophine Friederike Schiller
Rousseau, Jean-Jacques
*28.06.1712 Genf
†02.07. 1778 Ermenonolle
Genfer Schriftsteller, Philosoph, Naturforscher und Pädagoge
Schiller, Elisabetha Christophine Friederike
*04.09.1757 Marbach
†31.08. 1847 Meiningen
Zeichenlehrerin, Verwalterin von Schillers Werken
Schillers ältere Schwester, verh. mit Wilhelm Reinwald

Schiller, Elisabeth Dorothea
*13.08. 1732 Marbach
†29.04. 1802 Cleversulzbach
Mutter von J.C.F. Schiller
Schiller, Johann Caspar
*27.10.1723 Bittenfeld
†07.09.1796 auf Schloss Solitude
Vater von J. C. F. Schiller
Offizier und Wundarzt
Schiller, Johann Christoph Friedrich
*11.11.1759 Marbach
†09.05.1805 Weimar
Deutscher Dichter, Historiker und Dramaturg
Schubart, Friedrich Daniel
*1739 Obersontheim
†1791 Stuttgart
Dichter, Journalist, 10 Jahre Haft auf der Bergfeste Hohenasperg (1777-1787) wegen seiner Kritik am Verkauf der Landeskinder nach Amerika
Stock, Anna-Maria Wilhelmine Jacobine (genannt Minna)
*11.03.1762 Nürnberg
†20.08.1843 Berlin
Verlobt mit Christan Gottfried Körner, den sie am 07.08.1785 heiratete
Stock, Johanna Dorothea (genannt Dora)
*06.03.1759 Nürnberg
†30.05.1832 Berlin
Deutsche Malerin, Schwester von Minna Stock
Streicher, Andreas
*1761 Stuttgart
†1833 Wien
Selbstloser Freund Schillers, Pianist, Komponist, ging 1786 nach München
Schwan, Anna Margaretha
*1776
†1796
Tochter des Verlegers Schwan
Schwan, Christian Friedrich
*12.12. 1733 Prenzlau
†29.06.1815 Heidelberg
Vater von Anna Margaretha Schwan, Verleger und Buchhändler, brachte Schillers „Die Räuber“ erfolgreich zu v. Dalberg an das Mannheimer Theater, verlegte auch als Erster

„Die Verschwörung des Fiesco zu Genua“ (1783) und „Kabale und Liebe“ (vorher Luise Millerin,1784), lehnte den Heiratsantrag Schillers an seine Tochter ab

Thalia: ab 1784 Zeitschrift Schillers mit hohem literarischem Anspruch

Voltaire, Francois-Marie Arouet
*1694 Paris
†1778 Paris
Franz Philosoph und Schriftsteller der Aufklärung

Wolzogen, Charlotte von Tochter von Henriette
*1766
†1794

Wolzogen, Henriette von
*1745 Marisfeld
†1788 Bauerbach
Beherbergte Schiller in Bauerbach

Wolzogen, Wilhelm von
*1760 Bauerbach
†1809 Wiesbaden
Studienfreund Schillers, vermittelte den Aufenthalt Schillers in Bauerbach

Wortverzeichnis

An die Freude: Gedicht 1785, Schiller schrieb, nach dem Treffen mit seinem Freund Körner und den Feingeistern aus Leipzig in Kahnsdorf, dieses Gedicht
Aureole: bezeichnet in der Astronomie einen Kranz von Strahlen um ein Gestirn
Avance: jemanden entgegenkommen, um ihn für sich zu gewinnen
Avancieren: in einen höheren Dienstrang aufsteigen
Billett: hier Briefchen, kurzes Schreiben
Deklamieren; hier: ausdrucksvoller Vortrag
Die Räuber: Drama über das immerwährende Aufbegehren der Jugend gegen Überkommenes, Schillers Erstlingswerk (1781), anonym im Selbstverlag veröffentlicht
Demoiselles; französisch für Die jungen Damen
Don Carlos: Handlung im Spanien des 16. Jhd., ein Stück um Liebe, Freiheit und Toleranz
Elysium: lateinische Form von Elysion »Insel der Seligen« in der griechischen Mythologie
Feldchirurg: ab 1775 studierte Schiller Medizin, war von 1781-1782 Regimentsarzt in Stuttgart
Fiesco: 1783 in Mannheim Uraufführung mit großem Erfolg, der Urgrund des Stückes liegt in den Erfahrungen Schillers, seiner Unterdrückung durch einen ungerechten absolutistischen Landesfürsten, die erlittene Haft und seine Flucht mit dem selbstlosen Andreas Streicher, begründet
Genie: nach Goethe Selbstverwirklichung des Individuums
Genius: menschlicher Geist, der sich vom Regelwerk der Gesellschaft abwendet, mit dem Ziel, *zu sein, was einer ist*
Hohe Karlsschule: Nachfolger der militärischen Pflanzschule » Solitude« in Stuttgart, ab 1781 Akademie
Hohenasperg: Festung und Gefängnis, Württemberg, siehe auch Daniel Schubart
Kabale und Liebe: bürgerliches Trauerspiel, ursprünglich Luise Millerin, 1784 Uraufführung in Mannheim
Kaltes Fieber: damals unbekannte Erscheinungsform der Malaria
Kanapee: veraltet für Sofa
Karlsschule: siehe Solitude; Akademie gegründet 1770, aufgelöst 1794, durch Herzog Karl Eugen von Württemberg, berühmtester Schüler: Friedrich Schiller
Klient: hier Leistungsempfänger des Geldverleihers

Konsistorialrat: Mitglied einer kirchlichen Verwaltungsbehörde
Konterfei: alte Bezeichnung für Porträt
Kontor: veraltete Bezeichnung für Büro
Letter: im Buchdruck Schriftkörper aus Blei oder Messing
Loschwitz: früher Winzer- und Fischereidorf am rechten Ufer der Elbe, eingemeindet 1921, heute einer der schönsten Villenviertel Dresdens
Lotterbett: hier Liegestatt für Wanderer in Kahnsdorf, Ruhestatt für einen Müßiggänger, siehe auch Kanapee
Luise Millerin, siehe Kabale und Liebe
Medicin: nicht mit dem heutigen Studium zu vergleichen, ist, fast geisteswissenschaftlichen Inhalten gewidmet
Murano: venetisch Muran, Inseln in der Lagune Venedigs, berühmt durch seine Glasherstellung
Nachen: kleiner Kahn
Nonplusultra: lat. nicht darüber hinaus, im Text: das Höchste
Ode: lyrisches Strophengedicht der Antike, erhabene, meist reimlose lyrische Dichtung im kunstvollen Stil
Phönix: altgriechisch Φοίνιξ *Phoínix* – der Wiedergeborene, der Neugeborene
Porträt: Bildnis eines Menschen
Preußenkönig: König Friedrich oder „Friedrich der Große“, im Volksmund »Der Alte Fritz«, 1712 (Berlin) bis 1786 (Potsdam), aufgeklärter absolutistischer Herrscher, etablierte Preußen in mehreren Kriegen zur Großmacht
Solitude: franz. Einsamkeit; **Schloss Solitude** (nahe Stuttgart) war ab 1770 eine militärische Pflanzschule, an ihr wurden zukünftige Landesbeamte und Offiziere ausgebildet, Schiller war ihr berühmtester Student von 1773 bis 1780; siehe auch **Hohe Karlschule**
Thalia: historische, philosophische, literarische und theaterwissenschaftliche Zeitung, 1. Ausgabe 1784 unter Federführung Friedrich Schillers
Tyrann: herrschsüchtiger, rücksichtsloser Mensch
Vernunft: bezogen auf das Handeln, Wertbestimmung oder Fragen der Moral spricht man von praktischer Vernunft
Zerberus (deutsch)**:** griechisch: Κέρβερος, Dämon der Hölle, mehrköpfiger Höllenbewacher, verwehrt den Lebenden den Zugang und den Toten die Rückkehr aus der Hölle

Bisherige Veröffentlichungen

2011: Drei Wittenberger Szenen, Theaterstück
2013: Luther und seine Bornaer, Theaterstück, Uraufführung 2013
2014: Luthers Traum vom Teufel, Theaterstück, Uraufführung 2014
2014: Schiller in Kahnsdorf, Theaterstück, Uraufführung 2014
2015: Luthers Aschermittwochbrief, Theaterstück, Uraufführung 2015
2015: Schiller beim Geldverleiher Beit, Theaterstück
2015: Luthers Turmerlebnis, Theaterstück, Uraufführung 2015
2016: Luther erneut in Borna, Theaterstück, Uraufführung 2016
2017: Der Thesenanschlag in Borna, Uraufführung 2017
2019: Das traute Du, Uraufführung 2020

Historischer Roman: Luther und seine Bornaer 2016
Historischer Roman: Johannes Mönch und Rebell - Band 1 2017
Historischer Roman: Johannes Missionar - Band 2 2017
Historischer Roman: Zwei Episoden aus Schillers Leben 2017
Roman über die Liebe: Von Anfang an- vier Geschichten über die Liebe: Eine Jugendliebe zwischen vorgestern und übermorgen 2018

Geplante Publikationen
Novelle: Sommernacht 2020

Geplant:
Da hört der Bergmann noch, 2020
Das traute Du, 2020
Eine Schale voller Geheimnisse, Geschichten, Gedichte und Briefe 1980 bis 2016 Erscheinungstermin voraussichtlich 2024

Leseprobe

Johannes Mönch und Rebell
Band 1

Am Himmel leuchteten die Sterne. Heute strahlten sie nicht nur, heute füllten sie den Raum mit einer sphärischen Musik, die zu hören nicht jedem gegeben ist. Eingehüllt im samtenen Dunkel liefen die Liebenden durch Felder und Brachen. Johannes hielt Magdalena an der Hand. An den Stellen, an denen sich ihre Haut berührte, vereinten sich die Wellen des Glücks, die beide durchströmten. Immer wieder verhielten sie ihre Schritte, drehten sich zueinander und ihre Lippen fanden sich zum heißen Kuss.

So näherten sie sich langsam dem Schober, der zum Bauerngut gehörte. Geheimnisvoll stand der solide Holzbau im Licht der Nacht, das ihn in ein Schloss verwandelte. Das Tor stand offen und der Mond wies eine Bahn hinein in die Säle. Die Liebe führte die beiden über den silbernen Teppich des Mondes weit hinein in das himmlische Schloss. Nur einmal fragte Johannes: »Sollten wir nicht in unsere Kammern zurückkehren?«

Als Antwort verschloss Magdalena ihm den Mund, umschlang ihn wortlos und drängte ihren Körper an den seinen. »Nicht doch, nicht doch«, flüsterte sie. »Diese Stunde ist die Stunde der Liebe. Sie ist eine Macht, der der Mensch nichts entgegensetzen kann.«

Die zauberhafte Flutwelle hatte den Damm menschlicher Bedenken gebrochen. Heißer Atem war die Antwort. Die Liebe, die Macht der Welt, die nach Erfüllung drängte, hatte über sie gesiegt.

Magdalena und Johannes, die beiden Erdenkinder, standen und lauschten in die Tiefe des Himmels. Und immer tiefer fasste sie der Zauber der Liebe, schwangen ihre Seelen zurück ins Elysium.

Magdalena führte Johannes, der ihr willig folgte. Immer wieder flüsterte sie ihm ins Ohr: »Nein, mein lieber Johannes, heute nicht, heute kehren wir nicht um. Heute wollen wir beieinanderbleiben und wenn der neue Tag anbricht, will ich dir als deine Frau in den Armen liegen.«

Fortgewischt war das Leben des Johannes. Er ging an der Seite einer Fee. Wortlos staunend folgte er dem Zug ihrer kühlen Hände, die doch wie Feuer in den seinen brannten. Dann hatten sie das Lager aus Heu und Stroh erreicht, das ihnen jetzt wie eine königliche Lagerstadt erschien.

Im Kuss eng umschlungen, glitten die beiden zu Boden. Ihre Hände, gerade noch ineinander gefaltet, begannen zu wandern.

Sie fuhren über Rücken und Brust hinunter zu dem Ort, von dem Ovid meinte, dass man ihn mit Geduld und Gefühl für das Kommende bereiten solle. Beide genossen dieses Spiel, an Stellen, die bislang nur ihnen selbst gehört hatten.

Trotz aller Wogen des Gefühls spürte Magdalena, dass sie, sollte diese Nacht ihre Nacht werden, der Steuermann bleiben, sie den Geliebten führen und lenken musste. Magdalena, sie hatte in ihren Klostertagen oft die Ars amatoria gelesen, kannte Ovid, der da geschrieben hatte, dass unnötige Hast der Erfüllung der Liebesglut dem Wasser gleich sei, mit dem Feuer gelöscht wird. Deshalb schob sie den Drängenden sanft von sich, löste seine Umarmung und tröstete den verdutzt blickenden Johannes mit einer Handbewegung, die wohl sagen sollte: Halte einen Moment inne. Dann erhob sie sich zu voller Größe und begann, ohne Hast, Haken und Ösen zu öffnen, die Kleidungsstücke mit anmutigen Bewegungen vom Körper zu lösen, um sie zu Boden gleiten zu lassen.

Johannes verfolgte gespannt jede ihrer Bewegungen, bis das letzte Kleidchen gefallen war. Seine Spannung stieg. Erregt betrachtet er die Linien ihres Körpers.

Nackt, wie Venus selbst, von der Hand eines Künstlers aus kalt schimmerndem Marmor geformt und voller Feuer entfachender Glut.

Überwältigt flüsterte Johannes: »Mein Gott, mein Gott. Bist du ein Geschöpf Gottes oder bist du eine Fee, die mich verzaubert?«

Glücklich genoss sie seine Erregung. Jetzt löste sie nach und nach ihre Zöpfe und flüsterte: »Ja, das bin ich, Johannes, und ich will dich verzaubern. Doch bedenke, auch ich will in dieser Stunde verzaubert sein. So sind wir beide Zauberer und Zauberlehrlinge zugleich. Die Macht der Liebe, die in den Seelen wohnt, wird unsere Hände führen.«

Sie bemerkte lächelnd, wie Johannes immer unruhiger wurde und löste, noch langsamer, ihr Haar, bis es ihr wie eine sanfte Welle um den Körper schlug. Auf diese Bewegungen und die dargebotene Schönheit reagierte Johannes wie ein Jüngling, der einen feuchten Traum durchlebt. Beschämt wandte er sich ab.

Magdalena, die diesen Moment abgewartet hatte, kniete sich vor ihn, zog seinen Kopf in ihren heißen Schoß und hauchte dabei seinen Namen. »Geliebter, ich will deine Frau sein.«

Ihre Lippen fanden sich.

Der feuchte Traum war vergessen, sie taten, wie die Liebe ihnen befahl.

Später lagen ihre ineinander verschmolzenen Leiber, beschützt vor den Blicken der Welt, unter der Weite des Himmels, der sein Licht wie eine Decke ausbreitete. Der laue Nachtwind küsste ihre Haut, die tastenden Hände taten es ihm gleich. Die Zeit stand still.

Wie oft sie zueinander fanden, niemand von beiden würde es später sagen können.

Die blaue Stunde, die Stunde in welcher sich Nacht und Tag für einen Augenblick vereinen, tat ihren Zauber fort und fort, und dieser prägte sich für später in beider Herzen unvergesslich ein.

Als die Stunden wieder flossen, lagen sie noch immer eng umschlungen, zwei Kinder Gottes, in der aufkommenden Kühle des anbrechenden Tages, die sie nach und nach wieder in die Gegenwart zurückholte.

»Magdalena, meine Frau«, dachte Johannes, als der Zauber schwand, er die Augen aufschlug. Durch seinen Kopf zog ein Bild. Er sah zwei bunte Libellen im Licht der Sonne auf- und niedertanzen.

Das Bild wurde zu Worten und die flüsterte er Magdalena, die auch zurückkehrte, ins Ohr:

»Zwei Seelen, die die Liebe tragen
tanzten gleich Libellen
wie in fernen, sanften Tagen des Elysiums.

Die Macht der Liebe,
die die Seelen tragen,
von Äolus fortgeweht
aus dem Elysium
das ist die Kraft,
die Zeus den Menschen neiden lässt.«

Später erhoben sie sich, kleideten sich an und verließen Hand in Hand ihr Obdach. Als Frau und Mann liefen sie zurück durch die Felder, die sie am vergangenen Abend als Junge und Mädchen durchquert hatten.

Leseprobe

Johannes Missionar
Band 2

Auszug aus einem Brief Johannes an seinen Freund Martin Luther

[…] Zurück zu meinen Schäfchen im Urwald.

Wie Kinder sind sie, hören die Predigt, nehmen das Abendmahl und ziehen in den Wald, um einen ihrer Feinde zu verspeisen. Einmal kamen zwei bewaffnete Indianer mit einem Kanu ins Dorf. In unserer Mission wollten sie ein christliches Leben, was sie uns mit treuen Augen versicherten, führen. Sie fanden schnell Unterkunft und Aufnahme in unserer Gemeinschaft. Bald trugen sie Kreuze an ihrem Hals, legten einen Lendenschurz um und halfen der Gemeinschaft. Eines Tages machte mich ein Späher darauf aufmerksam, dass die beiden ab und an flussaufwärts verschwanden, um danach mit einem Kanu voller Fische zurückzukehren. Was sie taten? Nun, sie aßen gemeinsam zwei kriegsgefangene Indianer. Daraufhin angesprochen, sahen sie mich treuherzig an und versprachen, diesen entsetzlichen Brauch abzulegen.

Das dreht einem doch den Magen um, wirst Du denken und Deine Frau Käthe wird sogleich schreiend aus dem Zimmer rennen. Aber es ist so, sie sind Kinder einer Natur, die uns zu großen Teilen verschlossen ist. Wollen wir sie für unseren christlichen Glauben gewinnen, müssen wir uns voller Geduld mit ihrer Natur vertraut machen.

In manchen Dörfern ist es mir schon passiert, dass ich Leute nicht mehr vorfand, die ich schon einige Zeit kannte. Sie verspeisen ihre Feinde und wundern sich, dass wir es nicht ebenso halten. Stell Dir also einmal vor, wir hätten den Papst, oder wenigstens einen seiner Legaten auf die Wartburg geladen, um ihn dort zu verspeisen. Verdient hätte er es allemal!

Martinus, es ist nicht alles eitle Freude unter dem grünen Blätterdach. Sehr schnell kann ein Schlangenbiss, ein Insekt oder die Zähne eines Raubtieres das Dasein beenden. So geschah mir das Folgende:

Am Ende der vergangenen Trockenzeit überfielen Myriaden von Fliegen, Mücken und andere Insekten die Menschen, kamen aus Tümpeln und Sümpfen. Tagelang lag ein übler, fauliger

Geruch über dem Dorf. Viele wurden krank, so auch ich. Mit Fieberanfällen lag ich auf meinem Bett und plötzlich stürzten sich einige bienenartige Wesen auf mich. Sie krochen in meine Augen, meine Nase und in den Mund. Ich dachte schon, meine letzte Stunde sei gekommen. Varinaa, die schöne Tochter des Häuptlings, besuchte mich, Gott sei Dank, mehrmals am Tage.

Sie befreite mich von meiner Plage, entfernte die Bienen aus meinen Körperöffnungen, linderte meine Unruhe durch einen Saft, den sie aus der Frucht des Acajubaumes herstellte. Dem Fieber begegnete sie mit einem Brei aus zerstoßenen Bananenblättern, den ich mühsam hinunterwürgte. Danach gab es vergorene Ananas. Nach ein paar Tagen war ich wieder wohlauf.

Übrigens hätte ich mich sehr gern von der Indianerin verspeisen lassen. Wenn du mehr über meine gegenwärtigen Lebensumstände wissen willst, dann erstehe dir den Bericht »Mundus Novus« des Amerigo Vespucci. Ich fand ihn in der Bibliothek deines Patenkindes.

Johannes, Puerto de la Paz 1538

Leseprobe

Sommernacht

„Eigentlich verlief mein Familienleben in geordneten Bahnen“, beginnt er seinen Bericht, bis eines Tages das Telefon klingelte. „Hallo Michael, hier ist Anneliese, deine ehemalige Klassenkameradin“, rief sie freudig in den Hörer. ‚Ach so', dachte ich, ‚auch so eine, die gern über meine Träumereien gelacht hatte'. Ein kleiner Stich in die alte Wunde. Trotzdem sagte ich artig: „Schön, von dir zu hören.“ Dann rückte sie mit der Sprache heraus: Es ging um ein Klassentreffen. Na toll, Klassentreffen! Bussi hier und Bussi dort, hallo alter Junge. Wie Recht sie haben, graue Haare, dicker Bauch, Tränensäcke und sieh, was aus uns geworden ist. Wer warst du? Wer bist denn du? Alles, was ich so nicht gern absolviere. Schnell fügte Anneliese, sie hatte mein Zögern bemerkt, hinzu: „Machst du mit? Würdest du kommen?“ „Das sind eigentlich nicht meine Veranstaltungen“, erwiderte ich. „Protest!“, rief Anneliese, „Das kannst du nicht machen!“

Dann hörte ich das unter den Jahren verschüttete: ‚Julia: O denkst du, dass je wir uns wiedersehen? Romeo: Ich zweifle nicht und all dies Leid dient in Zukunft uns zu süßerem Geschwätz.' Da war sie, meine Kristina. Die Meine war sie nie gewesen, war allerdings das Mädchen, das mein Herz berührt hatte. Der Blaue See und Lisei und Paul. Plötzlich war alles wieder da. Ich fragte nach Kristina. „Ja, sie kommt.“ Einen kleinen Moment hielt ich inne, dann bat ich um etwas Geduld und legte auf.

Ich lief aus meinem Arbeitszimmer in den Hobbyraum meiner Frau: „Stell dir vor Gudrun, wir machen nach 50 Jahren ein Klassentreffen und ich bin eingeladen.“ Sie löste ihren Blick von ihrer Staffelei: „Du klingst so freudig“. Ihre Stimme ging hoch, wie immer, wenn sie eine Feststellung in eine Frage wandelte. „Na, nach 50 Jahren. Da kommt wohl das Lumpenpüppchen auch?“ „Ja, Kristina kommt auch. Und stell dir vor, sie hat schon zugesagt, deine ehemalige Sportkameradin.“ „Ach was, die hatte ja nicht einmal einen flotten Trainingsanzug.“ „Es hatte auch nicht jeder Westverwandtschaft wie du.“ Keine Antwort, nur ein alles sagendes Schulterzucken. „Außerdem hat sie dich einfach vergessen. Während ich dich geheiratet habe.“ Fast klang sie beleidigt. ‚Zweifellos eine berechtigte Antwort', dachte ich. Meine Freude konnte sie doch nicht trüben. Ich ging zurück.

Etwas Geheimnisvolles zog mich in die Bibliothek. Nachdenklich betrachtete ich die Bücher meiner Jugendzeit. Später rief ich Anneliese zurück, sagte mein Kommen zu und ging wieder zu meinen Büchern.

Wahllos nahm ich einige Jugendbücher, die meisten hatte auch Kristina in ihren Händen gehalten, aus dem Regal, betrachtete die Einbände und Titel, stellte diejenigen, die einmal so wichtig für uns gewesen waren, wieder zurück, sodass sie die nächsten Jahrzehnte weiterhin ungelesen herumstehen könnten. Zuletzt nahm ich den Band vom Pole Poppenspäler und setzte mich in meinen Sessel, schlug ihn auf und las Kristinas Gruß an mich. Ich versank in die alte Geschichte um unsere Nacht am See. Erst meine Frau, sie rief mich zum Abendessen, unterbrach meinen Gedanken und ich ging ganz benommen hinüber in unser Esszimmer. Diese Suche in der Bibliothek ließ mich einfach nicht los und wenige Tage, nach dem Telefonat mit Anneliese, ging ich an Kristinas Haus vorüber. Wie immer sah ich hinauf zum Fenster, hinter dem sie einst geschlafen hatte. An der Haustür zog eine magische Kraft meine Hand zur Klinke. Ich drückte sie herunter. Die Tür gab mit leisem Knarren nach und ich trat in den halbdunklen Hausflur. Sogleich sah ich sie stehen, wie damals. Sie stand oben, erste Treppe, die Tür halb geöffnet. „Na, Michael, schon Hausaufgaben gemacht?“, rief sie mir zu. Ich zuckte mit den Schultern. Ja, wie damals zuckten meine Schultern und wie damals dachte ich: ‚Warum nur, Kristina, bist du immer so fleißig, so strebsam und manchmal so spöttisch?' An jenem Tag hielt ich ihr stumm das Buch mit dem Titel Das grüne Tor entgegen. Sie kam herab und mit einer leichten Berührung meiner Finger nahm sie den letzten Band der Erzählung über den kühnen Piraten, ließ ihre Augen spöttisch blitzen und fragte: „Jan Kuna möchtest du wohl gerne sein?“ ‚Ja', hätte ich schreien mögen. ‚Der will ich sein und ich will dich rauben und mit dir die Welt umsegeln.' Stattdessen brachte ich nur mühsam heraus:

„Dann machs gut, ich gehe an meine Hausaufgaben.“

Leseprobe

Von Anfang an
L'ora blu - Die Blaue Stunde

Ein Jahr, nachdem seine innere Stimme mit ihm gesprochen hatte, stand er auf dem größten Flughafen Roms - Fiumicino „Leonardo da Vinci" - und wartete auf seinen Check-In für einen Flug nach Paris. Auf einem Historikerkongress sollte er dort über seine Recherchen zu dem Missionar „Johannes" im Urwald des Orinoko berichten.

Schilder lesend stand Mario in der Reihe der Passagiere und träumte wohl auch ein wenig, wie es so seine Art war. Plötzlich raunte seine innere Stimme: ‚Sieh dich um, du Träumer!' Bevor er dem Rat folgen konnte, spürte er, wie sich eine Gestalt hinter ihm in die Reihe zwängte. Sein Nackenhaar stellte sich auf. Ein Schauer rieselte ihm über den Rücken. Dann hörte er eine Stimme über seine Schulter hinweg sagen: „Hallo il mio ragazzo del coro, mein Chorknabe, da haben wir uns aber lange nicht gesehen."

Der Überraschte brachte kein Wort über seine Lippen und tat etwas, das er den Protagonisten in seinen zahlreichen Büchern nie gestattet hatte: Er starrte fassungslos in ein vertrautes Gesicht, das ihn sehr schmerzlich an Marie-Charlott, suo amore perduto, seine verlorene Liebe, erinnerte. Erscheinung oder Wachtraum, was narrte ihn? Seine angespannte Miene verriet seine Gedanken. Fragend und zögerlich kam ihm über die Lippen: „Du?" Längst Vergangenes blitzte durch seinen Kopf, bis er erneut begann: „Du hier, Marie-Charlott, la mia direttorice del coro, meine Chorleiterin?" Als Antwort streckte sie ihm einen Arm entgegen und eine Hand strich ihm zärtlich über seine Augen, als wäre diese versucht, einen Schatten fortzunehmen, der ihn bis jetzt gehindert hatte, die Realität zu erkennen.

Hatte er sich das nicht oft genug gewünscht? Ihr gegenüberzustehen, sich von ihrer Stimme verzaubern zu lassen. Er suchte ihren Arm zu berühren: Marie-Charlott war Realität und während er erschüttert seine Hand sinken ließ, sagte sie nur: „Hey Mario, dein Flug wird ausgerufen!" In diesem Augenblick fiel seine Erstarrung von ihm ab. Er fasste ihre Hände – oh wie hatte er dieses Gefühl herbeigesehnt – und zog Marie-Charlott sanft in seine Arme. Die Menschen schoben sich lächelnd und freundlich zurufend um diesen Fels der Liebe herum. Jetzt traten beide wortlos aus der Reihe, die Jahre der Trennung streiften sie ab, wie ein Baum, der im Herbst seine welken Blätter fallen lässt und schon das neue Grün erahnt.

‚Wieder hat sie mich aus der Bank gezogen, wie damals im Kloster', dachte er. Und sein Gefühl trog ihn nicht, auch Marie-Charlott hatte schon lange dieses Wiedersehen herbeigesehnt. ‚Wie hat sie mich gefunden?', dachte er, ‚Wie ist ihr gelungen, woran ich scheiterte?'

Der Flug nach Paris startete ohne Mario. Sie lösten ihre Umarmung und sahen dem am Horizont entschwindenden Flugzeug hinterher, als trüge dieses die verstrichenen Jahre mit sich fort. Dann gingen sie, einander an den Händen haltend, staunend und wortlos zu einer Bank und ließen sich darauf nieder.

„Wie um alles in der Welt hast du mich gefunden, Marie-Charlott? Etwas das mir nicht gelang." „Ich bin erst seit wenigen Wochen wieder im Land. Das reichte, um von deinem Unglück zu erfahren und auch, dass du oft unter unserer Platane gestanden hast. Das machte mir Mut, dich heute hier zu treffen. Dazu brauchte ich nur einige Anrufe." „Warum nur bist du damals fortgegangen, Marie-Charlott, warum nur?", wollte Mario wissen und sah ihr fragend in die Augen, als könnte er darin die Antwort finden. „Es gibt da etwas, das ich dir damals nicht sagen konnte, ja, nicht wollte." „Du bist vor mir geflohen?" „Nicht vor dir, sondern vor der Verantwortung", gestand sie ihm. Verwundert musterte er sie, begriff noch immer nicht, was sie ihm sagen wollte.

„Mario", begann sie erneut, „in jenen Tagen, schon nach unseren schönen Stunden in S. Brigida, war ich schwanger mit einem Kind von dir. Sollte ich einen Eingriff vornehmen lassen?" Wortlos und mit unterbindender Geste wehrte er diesen Gedanken ab, während sie fortfuhr: „Oder sollte ich vor dich treten und sagen: ‚Mario hier ist unser Kind, lass dich scheiden und heirate mich.'„

Ein Blitzschlag hatte ihn getroffen, der ihn unfähig werden ließ, auch nur ein Wort zu sagen, wobei ihm das soeben gehörte im Gehirn pulste. Marie-Charlott begann erneut: „Wie würdest du reagieren? Ich war plötzlich so unsicher. Also floh ich vor diesen Ungewissheiten, vor dir, vor meiner Familie und meiner Umgebung."

Jetzt war er zurück, es brach, sich überschlagend, aus ihm hervor: „Aber was ist mit dem Kind, mit unserem Kind?" Sein

Herz flatterte hilflos wie das eines Vogels, der sich in einer Menschenhand weiß. „Ja, Mario, das hätte ich dir vor 15 Jahren sagen müssen, aber ich konnte nicht. So ging ich in den tiefsten Urwald am Oberlauf des Orinoko. Ich ging an eine scuola di missione, eine Missionsschule, im Land der Yanomami, dort wurde eine Lehrerin gesucht, das wählte ich als Ausweg." „Da warst du ja auf den Spuren meines Johannes und unser Kind ein Indianer?"

„Oh ja", meinte Marie-Charlott, „das Leben schreibt die besten Geschichten. Ja, Mario, unser Kind wuchs auf als Nape`pe`, was in der Sprache der Eingeborenen so viel heißt wie „Hellhäutiger". „Und wo ist er jetzt, der Nape`pe`, unser Sohn?", drängte Mario, dessen Sinne plötzlich zu fliegen begannen unter der unsagbaren Freude, die über ihn gekommen war.

„Wenn du von deinem Kongress zurückkommst, fahren wir an meine alte, neue Schule, dort wirst du ihn treffen." „Du stellst mich auf eine harte Probe", beklagt sich Mario, dem die Zeit zur ersten Begegnung mit seinem Sohn schier unendlich erschien. Marie-Charlott, seine Hände haltend, tröstet ihn: „Wir haben 15 Jahre auf die heutige Stunde gewartet, mein Sängerknabe, wie sollten uns da die kommenden Tage zu lang werden?" „Du hättest nicht weggehen sollen.", seine Hände rangen ineinander. „Wir hätten für alles eine Lösung gefunden, das kannst du mir glauben. Warum hast du mir nicht vertraut? Das ist kein Vorwurf Marie-Charlott. Es ist nur, es ist mir nur, bitte verzeih mein Stammeln, es ist mir nur, als hätten wir das Schicksal herausgefordert zu seinem grausamen Urteil."